記憶

Memory: A Very Short Introduction

Memory: A Very Short Introduction

記憶

福斯特（Jonathan K. Foster）著

劉嘉 譯

OXFORD
UNIVERSITY PRESS

Oxford University Press is a department of the University of Oxford.
It furthers the University's objective of excellence in research, scholarship,
and education by publishing worldwide. Oxford is a registered trade mark of
Oxford University Press in the UK and in certain other countries

Published in Hong Kong by
Oxford University Press (China) Limited
39/F, One Kowloon, 1 Wang Yuen Street, Kowloon Bay, Hong Kong

記憶

福斯特 (Jonathan K. Foster) 著

劉嘉 譯

ISBN: 978-0-19-047701-1

1 3 5 7 9 10 8 6 4 2

目　錄

圖片鳴謝

第一章
你就是你的記憶

> 人的記憶力有強有弱，發展不均衡，似乎比人的
> 其他才智更加高深莫測。
>
> ——簡·奧斯汀(Jane Austen)

事實上，無論我們做什麼事，記憶都在其中發揮着舉足輕重的作用，本章將就此進行重點闡述。沒有記憶，我們就會無法說話、閱讀、識別物體、辨別方向或是維繫人際關係。為了說明這一點，我們會提供一些有關記憶的常識性觀察和思考，以及文學、哲學等領域內重要思想家的相關見解。之後，我們將探討有關記憶的系統科學研究的簡要歷史：從19世紀晚期的艾賓浩斯(Ebbinghaus)開始，到20世紀30年代的巴特利特(Bartlett)，再到近年來，在記憶信息處理模型的語境下所進行的控制實驗。最後，我們將思考當前記憶研究的主要方法，以及當代記憶研究設計的主要原則。

記憶力的重要性

為什麼，這一上天賜予的能力對去年的事情記得

模糊，對昨天的事情記得清楚，而記得最為清楚的是一小時前發生的事情？又是為什麼，年老後對童年往事的記憶似乎最為深刻？為什麼複述一段經歷能強化我們對它的記憶？為什麼藥物、發熱、窒息和興奮會令遺忘已久的記憶復甦？記憶的這些特性顯得相當不可思議；乍一看來，這些特性甚至是互相矛盾的。那麼很顯然，記憶這一能力的存在並不是絕對的，它需要在特定條件下才能發揮作用。弄清這些條件究竟是什麼，則成了心理學家最有趣的任務。

——威廉·詹姆斯(William James)，《心理學原理》

在上段引文中，威廉·詹姆斯(William James)提到了記憶的某些有趣方面，本章也將涉及記憶的這些迷人特性。但是，由於篇幅所限，對這個在心理學領域被探索得相當徹底的課題，我們當然只能觸及一些皮毛。

我們能記住什麼？為什麼能記住？又是如何記住的？人們已經對這些課題開展了大量研究，這樣做的原因是顯而易見的：記憶是如此重要的心理過程。正如著名的認知神經科學家邁克爾·加扎尼加(Michael Gazzaniga)所說：「除了薄薄的一層『此刻』，我們生命中的一切都是記憶。」記憶能讓我們回想起生日、節假日，以及在幾小時、幾天、幾個月甚至幾年前發生過的其他重要事件。我們的記憶是個人的、內

在的，然而，如果沒有記憶力，我們也將無法從事外在的活動——比如進行交談、辨認朋友的面孔、記得預約時間、嘗試實現新的想法、取得工作上的成功等等，我們甚至無法學會走路。

日常生活中的記憶

記憶指的絕不僅僅是過去經歷在頭腦中的重新浮現。只要某段經歷在後來對一個人產生了影響，這影響本身就反映了對那段經歷的記憶。

記憶那難以捉摸的特性可以從下面這個例子中窺見一斑。毫無疑問，你平日裏一定見過成千上萬枚的硬幣。但你能準確地回憶出其中某一枚的樣子嗎？試試你口袋裏的那一枚吧。別去看它，試着花幾分鐘，憑記憶畫出相應面額的硬幣模樣。現在，把你畫的和實際的硬幣比對一下。你的記憶有多準確？硬幣上頭像的方向畫對了嗎？硬幣上的文字你能回想起多少？（或是一個字都沒想起來？）文字在硬幣上的位置是否正確？

早在20世紀七八十年代，專家就針對這一課題進行了系統研究。研究人員發現，對於像硬幣這樣常見的事物，多數人的記憶力其實很差。我們想當然地認為，自己能輕而易舉地記住這些東西——但某種意義上，這類記憶根本不存在！你可以用周圍其他常見的物品來試試看，比如說郵票，或者可以回想一下公司

同事或好友的日常穿着，你將會得到同樣的結論。

這一發現的關鍵點在於：我們傾向於記住對自己而言最顯著、最有用的信息。比如，我們能更好地記住硬幣的大小、尺寸及顏色，卻容易忽略硬幣上面頭像的方向和文字的內容，因為貨幣的大小、尺寸及顏色是對我們而言最重要的特徵，這些信息有助於我們的支付和交易活動，而這正是貨幣誕生的直接目的。同樣地，當我們去記認不同的人的時候，通常都會記住他們的面孔以及其他變化不大又具有代表性的特徵，而不大會記住那些時常變化的特徵（比如個人着裝）。

現在我們暫且將硬幣和衣服的例子放在一邊。以下的情形或許能更直接明瞭地說明記憶的作用：某個學生在聽完一堂課後，在考場上順利地回憶起課上講授的內容。早在學生時代，我們就對這類記憶非常熟悉了。但我們或許很少意識到的是，即使這個學生沒能「想起」那堂課以及課上所講的內容本身，而只是泛泛地運用了課上所講的內容（也就是說，他沒有關於這堂課的情景記憶，他並沒有想起那堂課，沒有回憶起當時情景中的具體信息），記憶仍然在他的腦海中發揮着重要的作用。

當這個學生綜合使用課堂上所講授的信息時，我們便可以說這些信息進入了他的語義記憶，這種記憶類似於我們平時所說的「常識」。此外，如果這個學

生日後對這堂課所涉及的話題產生了興趣(或者恰恰相反,極其不感興趣),這本身可能就體現了對那堂課的記憶,即使這個學生無法有意識地回想起他上過什麼課、課上講了什麼內容。

同樣,無論我們是否有意識地去學習,記憶都在發揮作用。事實上,我們平時很少像學生讀書那樣,努力往頭腦中「刻錄」各種信息,以便牢牢地記住。相反,大多數時間裏,我們只是正常延續着每天的生活。但如果日常生活中有重要事件發生(在我們成為現代人類的進化歷程中,這類事件往往與「威脅」或「獎勵」有關),我們特有的生理和心理模式便會開始運作,因此我們會比較容易記住這些事件。例如,多數人都曾忘記自己把車停在了大型停車場裏的什麼位置。但如果我們在停車場裏發生了事故,撞壞了自己的車或鄰位的車,我們便會產生本能的應激反應('fight, fright or flight'mechanism),從而把這類事件(以及我們當時的車位)記得尤其清楚。

因此,記憶的清晰程度並不取決於人們想要記住這件事的意願強烈程度。此外,只要過去的事件影響了我們的想法、感覺或行為(就像之前所探討的學生上課的例子那樣),就足以證明我們對這些事件存有記憶。無論我們是否打算提取和使用過往的信息,記憶都會發揮作用。許多往事的影響都是無意間發生的,而且可能會出乎意料地「跳進腦海中」。學者們在過

圖1　我們對於非常熟悉常見的事物(例如硬幣)的記憶力，通常比我們想像中的要差很多

去幾十年中的研究表明，記憶信息的提取甚至也可能與我們的意願相左。這一問題在時下的許多研究(例如創傷後的記憶恢復問題)中已經成為熱點話題。

記憶形成的模型和機制

關於記憶是如何形成的，人們曾提出過很多不同的模型，最早的可追溯至古典時代。柏拉圖將記憶看作一塊蠟板，上面可以留下印記或編碼，隨後存儲下來，以便我們日後提取這些印記(即記憶)。編碼、存儲和提取這三者的區分，直到今天仍被研究者們沿用。其他古典時期的哲學家還曾將記憶比作鳥舍裏的鳥，或是圖書館裏的書，這強調了「追憶」的難度：提取特定的信息，猶如抓到特定的那隻鳥或找到特定的那本書，難度可見一斑。

現代的理論家們已經開始認識到，記憶是一個選擇性、解釋性的過程。換言之，記憶不僅僅是被動地儲存信息。在學習和存儲新的信息之後，我們可以對其進行選擇、解釋，並將不同的信息相互整合，從而更好地運用我們學會和記住的信息。這或許就是為什麼象棋專家能輕鬆地記住棋盤上各個棋子的位置，而足球迷能輕鬆地記住週末球賽比分的原因：他們在相關領域內擁有豐富的知識，而他們知識體系內的不同要素之間又彼此關聯着。

然而我們的記憶力遠遠談不上完美。正如作家、

圖2　鳥舍中的鳥：提取正確的記憶曾被喻為從裝滿鳥的鳥舍裏抓到特定的某隻鳥

哲學家C.S.劉易斯概括的那樣：

　　我們有五種感官，有抽象得無可救藥的智力，有
　　片面選擇的記憶，還有一系列先入為主的觀念和

假設，多到讓人只能察驗其中的一小部分，而根本無法全盤覺察。這樣的配置，能觀照出多少事實的全貌呢？

要在這個世界上有效地運轉，有些事情我們需要記住，有些則無須記住。前面我們已經留意到，需要記住的事情常常具有進化上的重要意義：在與「威脅」或「獎賞」相關的情形下(無論是實際存在的，還是自己認為如此的)，相應的大腦機制會被激活，從而令我們能更好地進行記憶。

沿着這一線索來思考，許多當代學者認為，記憶機制最重要的特點在於：這是一個動態的活動，或者說是一個過程，而不是靜態的實體或事物。

艾賓浩斯的研究

雖然有關記憶的個人觀察和軼事頗有趣味和啟發性，但這通常來自某一個人的具體經歷，因此客觀真實性以及普遍適用性均有待商榷。而系統的科學研究則可以為相關課題提供獨特的洞見。其中，赫爾曼．艾賓浩斯(Herman Ebbinghams)曾在19世紀晚期針對記憶和遺忘進行了一系列經典的研究。

艾賓浩斯自學了169個音節組，每組都包含13個無意義的音節。每個音節包括「毫無意義的」三個字母，以輔音—元音—輔音的方式組成(例如：PEL)。

經過21分鐘到31天不等的時間間隔之後，艾賓浩斯再次對這些音節組進行記憶。他對這段時間內的遺忘率尤其感興趣，並使用「節省量」(再次學習時所節省的時間與初次學習時間的比值)來衡量遺忘的程度。

艾賓浩斯發現，遺忘速度大致呈現負指數規律變化，即在學習完材料後的最初階段，遺忘進展得很快，之後，遺忘的速度會慢下來。所以，遺忘速度是呈負指數規律的，而不是線性的。這一觀察已然經過時間的檢驗，適用於一系列不同的學習材料和學習條件。因此，如果你離開學校後不再學習法語，那麼在最初的12個月裏，你對法語詞彙的遺忘會發生得非常快。但隨着時間繼續推移，你的遺忘速度將會降低。如果你五年或十年後再學習法語，你會吃驚地發現自己還能記住這麼多詞彙(與幾年前你所能記住的相差不多)。

艾賓浩斯還發現了記憶的另一個有趣特點。對於那些「丟失了的」信息，例如那些被遺忘了的法語詞彙，你能比初學者更快地再次掌握它們(這就是艾賓浩斯提出的「節省」的概念)。這一發現意味着，這些「丟失了的」信息一定還在大腦中留存着痕跡。這也證實了無意識認知的重要性：顯然我們已經無法有意識地記住這些「丟失了的」法語詞彙，但研究表明，我們在潛意識裏仍然留有相關的記憶。我們會在後面的章節中對此進行探討。著名心理學家B.F. 斯金

納(Skinner)也提出過與此密切相關的觀點,他寫道:「教育是經歷了學習和遺忘後仍留存下來的東西。」對此我們可以補充:「在有意識的記憶中遺忘了,但仍然以其他的形式留存着。」

艾賓浩斯的經典著作《論記憶》(*On Memory*)於1885年出版。該著作涵蓋了艾賓浩斯在記憶研究方面的許多不朽貢獻,包括無意義音節實驗、遺忘的負指數規律變化、「節省」這一概念的提出,以及艾賓浩斯在他的研究中系統探究的一些問題,例如重複對記憶的影響、遺忘曲線的形狀、詩歌與無意義音節的記憶效果對比等等。艾賓浩斯所採用的實驗研究法具有非常重要的優勢,它對許多可能扭曲實驗結果的外部因素進行了控制。艾賓浩斯把他所使用的無意義音節稱為「一律毫不相關」的,並將這一點視為其研究方法的優點。但是,他也可能由於同樣的原因遭到詬病,因為他沒有使用更具意義的記憶材料。業內一些學者曾提出,艾賓浩斯的方法有些過於簡單化,將精妙的記憶過程簡化成了人造的、數學的構成。雖然艾賓浩斯採取了科學、嚴謹的步驟,從而將記憶機制分割為容易處理的組成部分,但這種方法的風險在於,那些真正令記憶在日常生活中發揮作用的本質方面(甚至是決定性的方面)有可能被剔除了。因此,我們需要問一個重要的問題:艾賓浩斯的發現在多大程度上概括了人類記憶作為一個整體機能的特點?

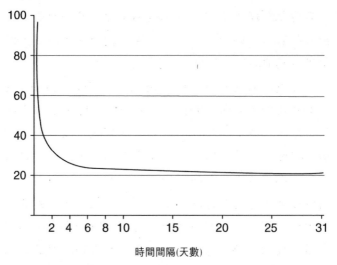

記憶保留率(%)

時間間隔(天數)

圖3 艾賓浩斯發現，在自學由「輔音—元音—輔音」組成的三字母音節組後，他的遺忘速度大致呈現負指數規律變化(即遺忘在最初發生得很快，之後遺忘的速度會慢下來)

巴特利特的研究

記憶研究領域內第二個偉大的體系出現在20世紀上半葉，即艾賓浩斯之後的幾十年，這一體系以弗雷德里克·巴特利特(Frederick Bartlett)的研究為代表。在1932年出版的著作《回憶》(*Remembering*)中，巴特利特對紅極一時的艾賓浩斯的研究提出了質疑。巴特利特認為，利用無意義音節進行的研究並不能很好地反映現實生活中人們的記憶是如何運作的。他提出了一個重要的問題：生活中，有多少人會花時間去記憶

無意義的音節？艾賓浩斯努力做到讓測試材料不具備意義，巴特利特卻反其道而行，着重使用本身具有意義的材料（更準確地說，是我們試圖賦予意義的材料），而他選擇的受試者將在相對自然的條件下對這些材料進行學習和記憶。的確，我們自然而然地就會為周圍發生的事情賦予意義，這似乎是「人類本性」的基本特點之一。這一點在巴特利特的很多著作中都有所強調。例如，在巴特利特的一些最有影響的研究中，受試者曾被要求閱讀一些故事（其中最有名的一篇叫作「鬼的戰爭」），然後再將故事回憶出來。巴特利特發現每個人回憶故事的方式都獨具一格，但他也找到了一些普遍的趨勢：

- 人們回憶出的故事往往比實際的故事要短；
- 故事變得更為連貫了，換句話說，人們在試圖理解不熟悉的材料時，會將這些材料與腦海裏業已存在的想法、知識和文化上的預設聯繫起來；
- 人們在追憶時對故事所做出的修改，往往跟他們第一次聽到該故事時的反應和感受有關。

巴特利特認為，對於要記住的事件，人們的情感色彩和關注程度存在不同，這多少會影響實際被記住的內容。用巴特利特的話說，記憶會保留「一些鮮明的細節」，而我們記住的其他內容只不過是在原有事件的

影響下，我們自己精心加工後的產物。巴特利特將記憶的這一關鍵特徵稱為「重建」，而非「再現」。換言之，我們對過往事件和故事的記憶不是一種複製，而是基於既有的預設、期望以及我們的「心理定勢」而進行的重建。

舉例而言，想像一下，分別支持不同國家(英國和德國)的兩個人在各自報道剛看過的同一場足球賽(英國隊對德國隊)。球場上進行的是同樣一場客觀發生的賽事，但是與德國隊的支持者相比，英國隊的支持者極有可能以完全不同的方式報道這一賽事。同樣地，當兩個人看同一部電影，他們對於電影內容的描述會較為相似，但同時也會存在很大的不同。他們的描述為什麼會有差別呢？這取決於他們的興趣點、動機以及情緒反應，取決於他們如何理解眼前的故事。同樣，在上屆大選中為現任政府投票的選民和為反對黨投票的選民，對同一件國家大事——比如一場戰爭——的記憶也會非常不同。這些例子也暗示出，社會因素(比如人們心中的刻板印象)會影響我們對事件的記憶。

因此，巴特利特和艾賓浩斯在記憶研究中採取的方法存在重要的區別。巴特利特觀點的核心在於，人們會為自己觀察到的事件賦予意義，而這會影響他們對這些事件的記憶。對於採用相對抽象、無意義的記憶材料來進行的實驗室研究而言，這一點或許並不重

要，艾賓浩斯所做的無意義音節實驗便是如此。但是巴特利特認為，在現實世界更自然的場景中，這種對於意義的追求是記憶運作的重要特點之一。

構建記憶

從巴特利特的研究中我們可以看到，記憶與DVD(數字多功能光盤)或錄像帶不同，並非對世界的客觀真實的複製。將記憶視為世界對個人所產生的影響，可能會更有助於理解。事實上，「記憶構建」這一思路將記憶描述為客觀事實與個人想法、期望共同作用後得到的產物。例如，每個人觀看同一部電影，體驗總會存在一定差異，因為他們是不同的個體，擁有各自不同的過去，持有不同的價值取向、觀念、目的、情感、期望、心境以及過往的經歷。在電影院內，他們可能就坐在彼此身旁，但重要的是，他們主觀上其實在體驗着不同的兩部影片。因此，已發生的一個事件，實際上是由經歷這個事件的個人所構建的。這種構建會受到「事件」本身(在這個例子中，即影片的播放)的影響，但它同時也是每個人各自的特點和性情的產物。所有這些因素，都在個人對事件的體驗、編碼和存儲過程中發揮着重要作用。

接着，當我們回憶時，電影中的某些部分會立即浮現在腦海裏，而其他部分則可能會被我們重新構建出來。這種構建是基於我們記住的那部分，以及我們

認為或相信一定發生了的其他部分——後者很有可能是通過我們對世界的推理和想像，結合我們所能記住的影片中的元素，進而推斷出來的。事實上，我們極其善於進行這種重新構建，或者說是「填空」，以至於我們常常無法意識到這個過程的發生。當某段記憶被反着講述出來，而每次講述都伴隨着不同的影響因素時，這種重新構建尤其可能發生(參見14頁文框中引用的巴特利特所採取的「系列再現」和「重複再現」技巧)。在這類情況下，「重新構建」的記憶往往和「真正回想起」的事件顯得同樣真實。這一點是頗令人擔憂的，因為當人們在追憶自己目擊的凶殺事件或者自己童年時遭受的侵犯時，實際上無法確定這些信息是自己真正「記住」的，還是自己基於對世界的理解，在填補了缺失的信息之後「重新構建」的(參見第四章)。

有鑒於此，「追憶」這一行為曾被比作：一個知識豐富的古生物學家，試圖將一組不完整的殘骸拼湊成一隻完整的恐龍。這個類比告訴我們，過去的事件令我們擁有了一組不完整的「殘骸」(其中還偶爾夾雜着一些與過去事件完全不相關的「骨頭」)。當我們嘗試將這些殘骸拼湊成原本的樣子時，我們對這個世界的理解會在這一過程中發揮作用。最後我們組建出來的記憶，可能包含一些來自過去的真實部分(即「真正的恐龍骨頭」)，但是，就整體而言，這仍然是當下對過去的一次不完美的重建。

鬼的戰爭

巴特利特曾經仿效艾賓浩斯，嘗試使用無意義音節進行更深入的實驗，但結果，用他自己的話來說，是「讓人失望的，而且越來越令人不滿意」。於是，他將材料換成了「本身具有一定趣味性」的普通散文，而這種材料正是艾賓浩斯捨棄不用的。

巴特利特在實驗中使用了兩種基本方法。第一種是「系列再現」，類似於耳語傳話的遊戲：第一個人將一些內容傳給第二個人，第二個人又將同樣的內容傳給第三個人，以此類推。最終，研究者將小組裏最後一個人聽到的內容與原始信息進行比較。

第二種方法是「重複再現」，指的是同一個人在學習某內容之後的一定時間內(從15分鐘到幾年不等)，反覆地複述該信息。

巴特利特在記憶研究中採用的最著名的散文材料是一則印第安人的民間故事，叫作「鬼的戰爭」：

一天晚上，兩個來自艾古拉克的年輕人去河邊捕海豹。
當他們在河邊的時候，起霧了，但風平浪靜。頃刻，他們聽見了廝殺的吶喊聲，心想那可能是勇士們，於是兩人趕緊跑上岸，隱藏在一根大木頭後面。這時，幾隻獨木舟駛來，他們聽見了划槳的聲音，還看到一隻獨木舟向他們靠近，上面有五個人。這些人向他們喊道：「我們想帶上你們，怎麼樣？我們要去上游，和人開戰。」
其中一個年輕人回答：「我沒有箭。」「船上有箭！」那

些人喊道。「我不想跟你們去，我會被殺死的，家裏人還不知道我跑到哪裏去了。」這個年輕人說完之後，轉向他的同伴說：「不過你可以跟他們去。」於是，那個年輕人跟着去了，另一個則返回家中。

勇士們繼續沿河而上，抵達了卡拉瑪河對岸的一個小鎮。這些人跳入水中開始戰鬥，許多人被殺死了。這時，同來的年輕人聽見一位勇士叫道：「快，我們快回去，這個人被打中了。」這時他才想到：「哎喲，這些人是鬼。」他並沒有感到痛，但這些人卻說他已被打傷了。

獨木舟返回了艾古拉克，年輕人上岸回到家裏，生起了火。他逢人便說：「瞧，我遇見鬼了，我還去打仗了。我們這一撥有好多都被殺死了，但攻擊我們的人也被殺死了不少。他們說我被射傷了，但我根本不覺得疼。」

年輕人說完就不作聲了。當太陽升起時，他倒下了。一些黑色的東西從他嘴裏流出來，他的臉也變了樣。人們吃驚地跳起來，大叫着。這個年輕人死了。

巴特利特選擇這則故事，是因為它不符合實驗參與者們所熟悉的英語敘事傳統。在英美人聽來，這故事很不連貫，甚至有些支離破碎。巴特利特預感到，這會讓他的受試者們在複述過程中加進更多的修改。

例如，以下是某個受試者第四次複述時所說的，他第一次聽到這故事是在幾個月之前了：

兩個年輕人去河裏捕海豹。他們正躲在一塊岩石後面，這時一艘船向他們駛來，上面有一些勇士。但這些勇士說他們是朋友，並邀請這兩個年輕人去河對岸幫他們攻打敵人。年紀大些的那個年輕人說他不能去，因為他不回家的

話，家裏人會擔心。因此年紀更小的那個年輕人上了船跟他們去了。

晚上他回到家，告訴朋友們他參加了一場激烈的戰鬥，雙方都死傷慘重。他生了火就去睡覺了。第二天早晨，當太陽升起時，他病倒了。鄰居們來探望他，他告訴他們，他在戰鬥中受了傷，但根本沒覺得疼。但很快他的情況就惡化了。他扭動着，尖叫着，倒在地上死了。一些黑色的東西從他嘴裏流出來。鄰居們說，和他對戰的肯定是鬼。

從實驗中，巴特利特得出了結論：人們傾向於把他們正在記憶的材料合理化。換言之，他們試圖讓材料更好理解，並將其修改成讓他們感覺更舒服的內容。巴特利特對這一現象的總結如下：

回憶，並不是去重新激活那無數固定不變、死氣沉沉、支離破碎的舊日痕跡。回憶是運用想像力去重建或構建。這種重建或構建是基於我們自身的態度和看法：我們對於過往經歷(這些經歷活躍且經過整理)的態度，以及我們對於一小部分鮮明細節(這些細節往往以圖像或語言的形式體現)的態度。因此，回憶幾乎總是不準確的，即使是最基本的機械複述，也不會真正精確……

人們的確經常發現自己的記憶有些不可靠；目睹同一事件的兩個人，複述出來的內容也往往不甚相同。從巴特利特的研究結論來說，這一切恐怕都沒有什麼可驚訝的了。

在介紹過記憶研究的實驗領域內最有影響的兩個人物之後，接下來我們將探討一些更為現代的研究方法和成果。

記憶研究的新方法

對記憶的研究，可以通過很多方法在很多情況下進行。憑藉操控技術，人們也可以在現實生活中研究記憶。不過，迄今為止，關於記憶的大多數客觀研究是由實驗構成的：在經過控制的條件下（通常是在實驗室環境裏），採用一組需要記住的詞語或其他類似的材料，將不同操作帶來的結果進行對比。這些操作可能涉及對記憶有影響的任何變量，包括材料的性質（比如，是視覺刺激還是語言刺激）、受試者對材料的熟悉程度、記憶環境和測試環境之間的相似度，以及學習的積極性等等。在過去的實驗中，研究者們已經使用過以下刺激物作為記憶材料：單詞組，類似艾賓浩斯所使用的無意義音節，數字或圖片；其他類型的材料還包括文本、故事、詩歌、預約的時間地點，以及生活事件。

近幾十年內對記憶進行的實證研究，通常是在信息處理的語境下，用「二戰」後多數研究者所使用的計算機模型對實驗結果進行解讀。在這樣的框架下，研究者普遍認為，人類記憶（以及其他認知能力）的功能特性與計算機信息處理的特點十分相似。（這一類比強調的是計算機的功能屬性，或者說軟件，而非硬件。）艾賓浩斯和巴特利特的早期研究通常專注於對個體案例（甚至是對艾賓浩斯本人的研究！）進行深入考察，相比之下，近年的研究往往包括大量的受試者。

研究者們運用強大的推論統計技術，對分組實驗的結果進行分析，從而使我們能客觀地解讀實驗結果的規模和重要性。

觀察與推理：現代的記憶研究

只要我們經歷的事件對我們此後的行為產生了影響，就能證明記憶的存在。但是我們怎樣才能確定，之後的行為的確是被過去的事件所影響的呢？在本章的最後一部分，我們來探討當代學者研究記憶的一些方法。

試試看：寫下首先浮現在你腦海中的15種傢具，然後和26頁上的列表進行比較。兩個列表可能有一些重合。如果你事先已經看過一份寫着傢具名稱的列表，並被要求記住它，我們是否可以合乎邏輯地推斷，你羅列出的名稱來自你對先前那份列表的記憶？這並不是一個可靠的推斷：有些傢具或許是你從先前的列表中有意識地回想起來的，其他一些可能來自先前那份列表所產生的間接或無意識的影響，但還有另外一些，你想到它們可能僅僅只是因為它們本來就屬於傢具(換句話說，完全不是因為你事先看過那個列表)。因此，我們並不能得出以下結論：你寫出的列表同之前那份列表之間重合的程度，是衡量你對先前那份列表的記憶的有效標準。這是因為，發生重合的原因可能是前面提到的任何一種。

傢具列表的例子反映了記憶研究中的一個重要問題。我們已注意到，記憶是無法被直接觀察到的，這跟觀察一場暴風雨或是一次化學實驗完全不同。記憶是從行為的變化中推測出來的，我們一般需要通過觀察受試者在設計好的任務中的行為變化來觀測記憶。但是，受試者在任務過程中的行為變化不僅會受到對原始事件的記憶的影響，還會受到其他因素的影響，比如個人的動機、興趣、常識以及相關的推理過程。因此，在系統地研究記憶的功能特性時，區分以下兩點非常重要：(1)哪些是觀察到的(這往往會受到其他非記憶因素的影響)；(2)哪些是推斷出來的。

　　為了解決這個問題，在記憶研究中，我們通常會對比不同的受試者小組，每組涉及對記憶的不同操作。某一過往事件，或者某種對記憶的操作，都只在一個小組內出現，不涉及其他的組。在選擇所有組內的受試者時，需要確保他們在所有可能相關的維度上都是一致的，至少要非常接近：例如，各組在年齡、教育程度和智商方面都不應有差異。這樣的實驗設計，是本書所探討的絕大多數(即使不算全部的話)材料的基礎。其中的邏輯是，在不同組的受試者之間，已知的相關差異就在於有或沒有對某事件的記憶，或者這種記憶是否受到了某種操控，那麼，此後觀察得到的不同組間的差異就應該能反映對這個事件的記憶程度。但需要注意的是，這僅僅是一個假設，儘管通

常而言這是個合理的假設。除此之外，確定不同組的受試者之間不存在其他可能會影響研究結果的差異，也是至關重要的。

下面我們來看一個這種研究方法的例子，這個例子來自對「睡眠中的學習」這一現象的系統研究。假設，你睡覺時給自己播放錄有信息的磁帶，希望或期待可以記住這些信息。你怎樣才能知道聽磁帶是否有效呢？為了回答這一問題，你可能會在一些人睡覺的時候給他們播放這些信息，然後把他們叫醒，觀察他們的行為是否能反映之前播放的任何信息。伍德（Wood）、布特森（Bootzin）、希爾斯特倫（Kihlstrom）和沙克特（Schacter）曾經就此進行過實驗。在受試者睡着後，工作人員會大聲朗讀出成對的單詞，每一對都由一個類別名稱和一個該類別中的物品名稱組成（例如：「金屬：黃金」），每一對都會重複朗讀幾遍。十分鐘後，再把受試者喚醒，要求他們根據所給出的類別，説出他們能想到的物品名稱。這一研究的基本假設是，如果受試者能記住他睡着時工作人員朗讀的單詞，那麼在他隨後列舉的金屬中就很有可能包括「黃金」。

但是，正如上文所提到的，要對記住的信息進行有效推斷，如果僅僅觀察有多少受試者睡眠時「聽到」的內容出現在了他們醒來後列舉的單詞組中，顯然並不足夠。比如，即使受試者睡着時工作人員沒有朗讀「黃金」一詞，許多受試者在後來列舉金屬時還

是會提到「黃金」。根據上文提到的好的研究設計原則，為了解決此類問題，研究者可以考察不同的實驗組在不同實驗條件下的表現差異。

在研究中，伍德和他的同事們進行了兩種對比。第一種對比是在不同的實驗組之間：工作人員朗讀單詞組時，一些受試者醒着，而另一些是睡着的。受試者是隨機分配到「睡眠組」或「清醒組」的，因此，對朗讀過的內容分別在這兩組中出現的頻次進行比較，就能說明人們究竟更容易受以下哪種情況的影響：(1)清醒時聽到朗讀；(2)睡眠中「聽到」朗讀。實驗結果顯示，那些醒着聽到工作人員朗讀的受試者提到所朗讀內容的比例，比睡眠中「聽到」朗讀的受試者要高出兩倍多。這項對比的結果並不出人意料，它說明清醒時學習的效果要比睡着時學習的效果好。然而需要注意的是，這個實驗並不能排除另一種可能性：對那些睡着的受試者而言，他們「聽到」的朗讀也能對他們後來的記憶表現發揮正面作用。

研究者們因此又進行了另一項重要對比，相當巧妙地再次進行了測試。他們在研究中使用了兩份不同的單詞組列表，其中一份包括「金屬：黃金」，而另一份包括「花卉：蝴蝶花」。面對所有睡着的受試者，工作人員會朗讀其中某一份單詞組列表。而受試者被叫醒之後，會被問到兩份單詞組列表中的內容。這樣的流程可以讓實驗者比較，在受試者被叫醒後所

列舉的單詞組中，睡着時「聽到」過的詞組出現的頻率是否高於沒聽到過的詞組。換句話說，研究者對同一個受試者也進行了多方位的觀察和比較。

比較這些在睡眠中「聽到」了不同詞組的受試者，結果顯示：無論工作人員有沒有對他們朗讀過某些單詞組，他們後來提到這些內容的頻率並沒有真正的區別。然而，如果工作人員朗讀單詞組時受試者是清醒的，那麼，類似的比較表明，工作人員的朗讀對受試者的單詞記憶具有顯著的影響。

小結

從這一章中我們已經知道，無論我們做什麼事，記憶都在其中發揮着至關重要的作用。沒有記憶，我們就會無法說話、閱讀、識別物體、辨別方向或是維繫人際關係。雖然有關記憶的個人觀察和軼事頗有趣味和啟發性，但這往往只是來自某一個人的具體經歷，因此，這些觀察究竟在多大程度上普遍適用於所有個體，是值得探討的。我們已經從艾賓浩斯和巴特利特的研究中看到，系統的研究可以就人類記憶的功能特性帶來重要的洞察。近些年，我們已經可以憑藉強大的觀察和統計技術來系統地分析記憶的功能特性，對於精心控制的實驗所得的結果，我們已能夠解讀其規模和重要性。本書的下面幾章將探討這類研究所獲得的一些突出成果。我們將會看到，把記憶視為

一種活動，而非靜態的事物，是更為準確的。此外，近來最重要的科學發現之一就是，記憶是多種功能的集合，因此不應將記憶視為單個的實體(比如，「我的記憶」如何如何)。關於這一點，我們將在第二章裏作進一步解釋。

21頁提到的傢具清單

椅子	衣櫥
桌子	書架
凳子	書桌
櫥櫃	陳列櫃
床	壁櫥
沙發	箱子

第二章
記憶的圖景

　　這一章將會探討以下兩個核心問題：記憶系統是如何運作的；我們如何定義記憶的各種功能組成。我們會闡明一個核心觀點：任何記憶系統，無論是人類的大腦(它有時被稱為「已知宇宙內最複雜的系統」)、計算機的硬盤、錄像機，還是辦公室裏一隻簡陋的文件櫃，如果要正常運行，都需要能做到三件事：編碼、存儲，以及有效地提取信息。如果這三道工序中有任何一道出現問題，記憶的運作就會失靈。討論過這一點之後，我們會了解一下研究者們都是怎樣對構成記憶的不同功能和工序進行定義的。

　　我們在生活中常會覺得這個人的記性好、那個人的記性差，在這樣想的時候，我們不知不覺地把記憶當作一個單一的過程來看待。但這其實是錯誤的。過去的一百年中，對健康的受試者以及大腦受傷的臨床病人的許多研究已經表明，記憶是由多個不同的成份所組成的。我將會運用類比來闡明短時記憶和長時記憶之間的關鍵區別——對於這種區別，無論臨床醫師還是外行人士都常常產生誤解。接着我們會分別探討

短時記憶和長時記憶的不同功能組成。對於後面的幾個章節，本章將會提供一個有助於理解的概念框架。

記憶的邏輯：編碼、存儲和提取

> 這是迷迭香，它代表了回憶；我求你，親愛的，
> 記着……
>
> ——莎士比亞，《哈姆雷特》

任何有效的記憶系統，無論是錄音機、錄像機、你計算機裏的硬盤，還是一個簡陋的文件櫃，都需要能很好地完成三件事。它必須能夠：

1. 編碼(即接收或獲得)信息；
2. 準確地存儲或保留信息(如果是長時記憶的話，能保留很長時間)；
3. 提取或讀取已存儲的信息。

用文件櫃打個比方：首先你在某處存放了一個文件。那個文件就在那裏，當你需要它的時候，你就會從文件櫃裏取出這個文件。但是，除非你擁有一套不錯的檢索辦法，否則你就不容易找到這個文檔。因此，記憶不僅涉及信息的接收和存儲，還包括信息的提取。只有這三個組成部分協同合作、運行良好，記憶才能有效地工作。

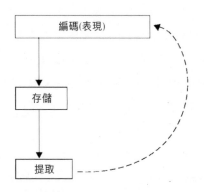

編碼(表現)

存儲

提取

圖4　要探討人類的記憶是如何運行的，編碼、存儲和提取之間的邏輯區別很關鍵

　　編碼出現問題，通常與注意力不集中有關。存儲發生問題，就是我們生活中所說的遺忘。在探討提取的時候，我們常常需要區分兩個概念：信息是否可用，以及信息是否可及。比如，有時候我們想不起某個人的名字，但感覺這個名字就在嘴邊。我們可能想得起這個名字的第一個字，或者名字的字數，但就是說不出整個名字，難怪人們把這種情況稱為「話到嘴邊，就是想不起來」。我們知道自己已經把信息存在某個地方了，我們可能還想得起其中的部分內容，所以從理論上說這個信息是「可用」的，但此時此刻，完整的信息對我們來說遙不可及。雖然人們的記憶中存儲了大量的信息，這些信息在理論上一直存在，但通常只有其中的一小部分可以被隨時提取、使用。

如果這三個組成部分(編碼、存儲和提取)中的一個或多個出現故障，記憶的運作就會失靈。在「話到嘴邊想不起來」的情況中，是提取功能出現了問題。三個組成部分都不可或缺，無論哪一個都無法單獨發揮作用，這就是記憶的基本邏輯。

不同類型的記憶：記憶的功能結構

在柏拉圖的時代，人們是基於自己的感受和印象對人類的頭腦進行推測的。直到現在有些人依然是這樣，他們對有關人類大腦和心智的科學發現毫不在意，認為那些只不過是「常識」罷了。但如今我們有了來自實驗的(通常被稱為「實證性的」)發現，可以用作我們理論的基礎。我們展開縝密的、嚴格控制的實驗，用來搜集關於人類記憶運作方式的客觀信息(參見第一章)。我們將會看到，其中一些已成定論的發現，恰與許多人所依賴的「常識」相悖。

為了理解記憶，實驗研究者們運用了種種系統性技術，其中一種是將記憶這一寬泛的領域細分為作用不同的幾個部分。想一想你上次進家門時的穿著。這樣一種記憶，比起回想一年中哪幾個月有30天，或者說出20到30之間的質數，或是記起怎麼做煎蛋捲，有何區別？直觀地講，這些似乎確實是不同類型的記憶。但這樣說的科學依據又是什麼呢？事實上，過去一百多年中最重要的發現之一就在於：記憶是由多個

部分組成的，而不是一個單一的實體。在本章以及書中其他章節裏，我們會進一步討論這些組成部分之間的區別。

在20世紀60年代，對記憶的細分開始通行，這種細分建立在計算機信息處理模型的基礎之上。隨着「二戰」後信息技術的快速發展，人們對計算機處理過程中的信息存儲條件的認識有了長足進步，並隨後發展出了關於記憶處理的三階段模型。其中，阿特金森(Atikinson)和希夫林(Shiffrin)於60年代所提出的模型最為完善。在這些階段模型中，信息首先被短暫地儲存於感官記憶中，隨後又被有選擇地轉移到短時記憶中。之後，又有更小的一部分信息進入了長時記憶。

這些不同存儲模式的特點概述如下。

多重存儲記憶模型

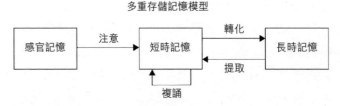

圖5 記憶的多重存儲(或多種情態)模型，由阿特金森和希夫林在1968年首次加以描述。這一模型為理解記憶提供了一種非常有益的啟發性框架

感官記憶

感官記憶似乎是在意識層面以下發揮作用的。它

從各種感官那裏獲得信息，保留很短的時間，而在這短短的時間中我們將會決定去注意其中的哪些信息。所謂「雞尾酒會現象」就是一個例子：在喧鬧的環境中，你聽到某個角落裏有人說了你的名字，於是自動地將注意力轉向他們的對話。另一個常見的情形是，我們有時會要求某人重複一個動作，或重複他說過的什麼話，因為我們相信自己已經忘記了這些內容。但同時我們也發現，事實上，我們對先前的信息仍然是有印象的。在感官記憶中，我們所忽視的信息都會迅速丟失，無法再取回——從感官的角度來說，這些信息的消退就如同光線減弱、聲音消散。所以，如果某人在說話而你沒有注意聽，有時候你也能抓住一些片斷，但片刻之後，這些片段就會完全消失。

一些實驗結果驗證了感官記憶的存在。例如在斯珀林 (Sperling) 於1960年所進行的實驗中，受試者在極短的時間 (比如50毫秒) 內會看到12個字母。雖然事後這些受試者只說得出四個字母，但斯珀林懷疑他們實際上有能力記住更多的字母，只是信息消失得太快，他們來不及複述出來。為了驗證這一假設，斯珀林巧妙地設計了一種視覺矩陣，由三行字母組成。受試者在看到這三行字母後的極短時間內會聽到一個聲音，他們被要求根據音調的高低，有選擇地複述視覺矩陣中某一行的內容。通過這種部分複述的方式，斯珀林發現，人們可以回憶出任意一個包含四個字母的行列

中的三個字母。這便意味着，在很短的時間內，12個字母中有將近九個是可能被複述出來的。

根據這一類的研究，研究者們推斷出了感官記憶的存在。感官記憶可以非常短暫地存儲大量不斷湧現的感官信息，而大腦只會選擇其中的一部分內容加以處理。儲存視覺信息的感官記憶叫作圖像記憶，儲存聲音信息的感官記憶叫作回聲記憶。感官記憶的普遍特點是豐富（就其內容而言）但非常短暫（就其存留時間而言）。

短時記憶

20世紀60年代所推崇的信息處理模型認為，在感官記憶之外還存在着一個或多個短時記憶系統，能將信息留存約幾秒鐘。我們對某些信息加以注意，便可以將其引入短時記憶（有時也被稱為初級記憶或短時存儲）中。短時記憶能存儲大約七項內容，比如撥打新的電話號碼時我們用的就是短時記憶。因為容量有限，一旦短時記憶的空間被填滿，舊的信息就會被新的信息所取代。短時記憶儲存的是相對不太重要的內容（例如，某個今天需要撥打但以後不會再用到的電話號碼），使用後便會逐漸消失，就像你打電話給電影院詢問今天晚上放映什麼電影，你只需要將電話號碼記住一小會兒，之後就可以將它丟棄。

在科學文獻中，言語短時記憶受到了相當多的關注。至少從某種程度上說，這種記憶的存在是從

自由回憶的近因效應推斷出來的。例如，波斯特曼（Postman）和菲利普斯（Phillips）曾要求受試者們回憶由10個、20個或30個單詞組成的單詞表。如果受試者們在剛剛看過單詞後便立即開始回憶，他們對單詞表末尾部分的記憶會比單詞表中間部分的清晰許多，這一現象被稱為近因效應。但如果回憶測試延後了哪怕僅僅15秒，而且在延遲的過程中受試者進行了某種言語行為（例如倒數數字），這一效應就不再出現了。研究者對這類發現的解讀是，近因效應的發生是因為短時記憶的容量有限，當人們從短時記憶中提取最新存儲進來的幾個記憶項，便會發現這些內容的記憶效果最佳。

艾倫·巴德利（Alan Baddeley）在20世紀60年代曾進一步提出，言語短時記憶主要以聲音或語音的形式來存儲信息。其他學者曾觀察到，短時回憶中出現的錯誤往往是語音上的混淆，這從側面支持了巴德利的觀點。即使記憶材料最初是通過視覺形式呈現的，這種現象依然會發生，這便意味着信息在存儲的過程中被轉化成了語音編碼。例如，康拉德（Conrad）和赫爾（Hull）就證明，在以視覺形式呈現給受試者之後，發音相似的字母序列（如P、D、B、V、C、T）比發音不相似的字母序列（如W、K、L、Y、R、Z）更難被準確地回憶出來。

長時記憶

持續地關注某些信息，在大腦裏反復思考它或背誦它，就能將這些信息轉化為長時記憶(有時又被稱為次級記憶)。長時記憶似乎有無窮的容量。較為重要的信息(比如搬家後需要記住的新電話號碼，銀行密碼，或者你的出生日期)都被存放在長時記憶中。記憶的長期特性將是本章討論的重點。

短時記憶以語音形式存儲信息，而學者們認為長時記憶主要是根據信息的意義來實現存儲的。因此，如果選擇一些有意義的句子給人們看，再要求他們進行回憶，他們通常並不能複述出完全一樣的用詞，但能夠說出句子的大意或要點。正如我們在第一章中探討巴特利特的研究時所看到的，「自上而下」人為添加的意義往往會導致記憶的扭曲和偏差，就像人們複述「鬼的戰爭」那則故事時所表現出的一樣。我們在第四章探討目擊者證詞時，會再回過頭來討論長時記憶的偏差。

上文簡要提到的阿特金森(Atkinson)和希夫林(Shiffrin)所提出的記憶三階段模型以及類似的其他模型，可以簡化體現複雜的人類記憶的某些特點。然而，正是由於記憶是如此複雜，我們需要不斷對這些模型進行調整，從而讓它們吸納新的觀察結果。

前面提到的信息處理模型提出了兩個基本假設：一、信息必須首先進入短時記憶，然後才能進入長時記憶；二、練習複誦短時記憶中的信息，不僅可

以將信息留存在短時記憶中，也使它更有可能轉化為長時記憶。但是，第一種假設因為一些重要臨床案例的發現而受到了挑戰。案例中，一些腦部受傷的患者的短時記憶能力表現出嚴重的損傷，也就是說，根據阿特金森和希夫林的模型，他們的短時記憶存儲環節受到了嚴重破壞。然而，這些患者似乎在長時記憶方面並不存在障礙。阿特金森和希夫林模型的第二種假設也受到了其他研究的質疑，在一些研究中，受試者用更長的時間來背誦單詞表末尾的單詞，但他們對這些內容的長時記憶並未體現出任何改善。在某些情況下，研究者們發現，在多種不同場合接觸相同的信息（按照合理的假設，這也就意味著更多次的重複練習）並不足以使人記住這些信息。就像我們在第一章中所說的，人們每天都會接觸到硬幣，但當他們回憶硬幣上人物頭像的細節時，他們的表現並不好。

區分長時和短時記憶的其他論據也引發了爭議。比如我們之前所討論的，自由回憶中的近因效應一直被歸結為短時記憶運作的結果，因為如果在回憶前的幾秒鐘內要求受試者倒數數字或進行其他語音活動，這一效應便會減弱。然而，當受試者嘗試記住這些單詞，並將單詞表上的詞語進行倒數後，他們對末尾幾個單詞的記憶仍然比中間位置的單詞更為清晰。這一類的發現並不符合阿特金森和希夫林的模型，因為按

照他們的模型，短時記憶應該被倒數這一任務「填滿」，從而無法觀察到任何近因效應才對。語義編碼（即基於語義的信息處理）在合適的情況下也會在短時記憶中顯現，這說明語音編碼並非短時記憶中信息表述的唯一形式。

阿特金森和希夫林的信息處理模型所存在的問題得到確認後，出現了兩種主要的回應。其中一種思路是，根據短時記憶模型的已知局限對模型本身進行改善。巴德利及其同事的研究就與這種思路密切相關，同時他們還力圖進一步描述短時記憶在認知過程中的作用。這一研究視角上的改變催生了巴德利開創（隨後又加以修訂）的「工作記憶」模型。而對阿特金森和希夫林模型的另一種回應思路關注的問題更為普遍。這種思路質疑的是為何該模型要將關注焦點放在記憶的存儲及其容量的局限上，並提出應該採取另一種研究路徑，重點關注記憶的信息處理過程，並研究信息處理過程對記憶成果的影響。

無論哪一種記憶模型最令人信服，許多關於記憶的理論都對短時記憶和長時記憶進行了寬泛卻根本的區分。我們將會看到，支持短時與長時記憶二元區分的論證來自兩方面，既有一系列針對正常健康個體而進行的實驗，也有對腦部受傷、記憶存在缺陷的病人的研究。基礎生物研究也提供了集中的證據，支持短時和長時記憶之間存在區別的觀點。

工作記憶

進一步考察短時記憶，我們會發現短時記憶和工作記憶之間的區別往往比較模糊。短時記憶先前曾被或多或少地看作一種被動的過程。但現在我們知道了，人們在短時記憶中並不僅僅是寄存某些信息而已。如果我們在短時記憶中保存了一句話，我們通常能夠倒背出這句話，或者背出句中每個單詞的首字母。工作記憶這一術語強調的便是短時記憶的這種活躍、主動的特徵，因為留存在那裏的信息還經過了思維的某種處理或運作。「工作記憶」和「短時記憶」這兩個術語還經常被作為「意識」的同義詞來使用。這是因為我們所意識到的東西(也就是我們的頭腦此時此刻所抓住的信息)都在我們的工作記憶範圍之中。

廣度(span)這個術語通常用來指代一個人能夠在短時記憶裏存儲信息的容量。20世紀50年代，喬治·米勒(George Miller)曾將短時記憶的典型容量定義為7±2個單元，這是對健康的年輕人而言的。識記單詞表的例子可以說明短時記憶的機制：我們對單詞表末尾的幾個詞記得最清楚，因為這些單詞仍然存儲在我們的短時記憶中。這就像莎士比亞在《理查二世》中所寫的，「像宴席最後的甜食，意味最悠遠，比任何往事更能銘刻在心裏邊」。還有些專家認為，短時記憶的廣度與語音速度有關，一個人能夠越快地一口氣

説出單詞、字母或數字來，他的短時記憶的廣度就越大。

　　現在已有充分的證據表明，工作記憶並不是單一的實體，而是由至少三個部分組成的（見圖6）。巴德利在他影響甚廣的工作記憶模型中對這些組成部分加以形式化，將其定義為中央執行系統和兩個附屬子系統——語音回路和視空畫板（visuo-spatial sketchpad）。後來，巴德利在修訂後的工作記憶模型中又增加了情景緩衝區（episodic buffer）這一概念。對於這些組成部分的功能角色，巴德利提出：（1）由中央執行系統控制注意力，並協調附屬的子系統；（2）語音回路包括了語音存儲和發音控制過程，也使內部言語能夠進行；（3）視空畫板負責建立和處理心理圖像；（4）情景緩衝區（圖6中未標注）用於整合處理工作記憶中的材料。

語音回路

　　有大量研究針對語音（或者說發音）回路而展開。研究者普遍認為，語音回路對於兒童的語言發展、對成人理解複雜的語言材料都起着重要的作用。許多實驗證明，人們在記憶廣度方面的表現通常在很大程度上取決於發音編碼的使用，比如你能正確複述的單詞個數取決於單詞的複雜程度。這一類的發現證實了語音回路的存在。在實驗中，研究者採取一種叫作「發音抑制」的技術，讓受試者大聲重複或者默誦一個簡

單的聲音或單詞，比如「啦啦啦」或是「這這這」，這樣可以暫時阻止語音回路吸納新的信息。對比使用或不使用發音抑制手段的情況下受試者的表現，就可以看出語音回路的作用。

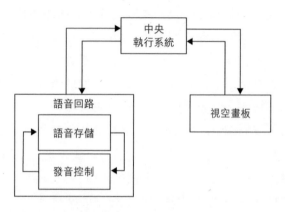

圖6 1974年，巴德利和格雷厄姆・希契（Graham Hitch）提出了工作記憶的模型，將短時記憶細分為三個基本組成部分：中央執行系統、語音回路和視空畫板

語音回路的容量有限。那麼到底是記憶項目個數的限量還是時間限量能更好地描述語音回路的容量呢？研究表明，一個人的記憶廣度（即他在聽完後能夠正確複述的單詞個數）是由他說出這些單詞所需要的時間來體現的。在短時記憶測試中，「cold（感冒）、cat（貓）、France（法國）、Kansas（堪薩斯州）、

iron（鐵）」這樣的短單詞列表，要比「emphysema（肺氣腫）、rhinoceros（犀牛）、Mozambique（莫桑比克）、Connecticut（康涅狄格州）、magnesium（鎂）」這樣的長單詞列表容易記憶得多，儘管這兩個列表擁有同樣的單詞數量，並選自相同的語義範疇（分別為：疾病、動物、國家名、美國州名和金屬名）——這就是詞長效應。但是，如果受試者在學習這些單詞時進行了發音抑制，那麼詞長效應便會消失。另一個有關詞長效應的例子是，在不同的語言中從1數到10需要用的時間不同：對於使用不同語言的人，其數字記憶的廣度與他們用各自語言的發音讀出數字的速度緊密相關。這些發現以及其他相關研究表明，語音回路的時間（而不是記憶項目）容量是有限的。

視空畫板

與語音回路相反，視空畫板提供的是暫時存儲和處理圖像的媒介。有研究表明，就短時記憶的容量而言，並行的視覺、空間記憶任務會相互干擾，由這一現象可以推斷出視空畫板的存在。如果你試圖同時完成兩個非語言的任務（例如，同時輕拍頭頂和按摩肚皮），兩個任務結合在一起有可能令視空畫板超負荷運轉，於是這兩個任務都完成不好（相較於兩個任務分別單獨執行時的表現而言）。科學研究顯示，人們下國際象棋的時候會用到視空畫板，這表明短時空間記憶在

處理棋盤布局的任務中發揮着作用。

中央執行系統

迄今為止，巴德利的工作記憶模型中描述得最不清晰的部分就是「中央執行系統」了，它的作用被認為是協調工作記憶所需要的注意力和運轉策略。如果語音回路和視空畫板在同時運轉，例如，當你試圖記住一組單詞並同時進行一項空間運動(正如我們在一些實驗中要求受試者去做的那樣)，這時候中央執行系統便可能用於協調這兩者的認知資源。在對中央執行系統進行研究時，巴德利和他的同事們就採用了這樣的雙項任務法：受試者所做的第一項任務旨在讓他們的中央執行系統保持在忙碌狀態，而研究者則對第二項任務的執行情況進行衡量，從而判斷中央執行系統是否也參與了第二項任務。如果第二項任務的完成情況由於與第一項任務同時進行而變差了，則可以推斷出中央執行系統也參與了第二項任務。為了讓受試者的中央執行系統保持在忙碌狀態，研究者設計出多種任務，「生成隨機字母序列」便是其中一種。受試者被要求編寫出許多字母序列，但需要避免實際生活中具有意義的字母序列，例如「C—A—T」、「A—B—C」或者「S—U—V」。受試者在編寫字母序列的同時不斷留意着字母的選擇，這使得中央執行系統保持忙碌狀態。實驗表明，專業國際象棋棋手對實際比賽

中棋子位置的記憶表現會受到這種字母生成任務的干擾，但卻不會受到上文提到的發音抑制手段的影響。這說明，記憶棋子位置的任務會使用到中央執行系統，但並未使用語音回路。從臨床角度來說，如果中央執行系統的運行出現中斷，其後果從「執行缺陷綜合徵」(這與大腦額葉的損傷有關，參見第五章和第六章)中的無組織、無計劃行為中可見一斑。

情景緩衝區

在最新版本的工作記憶模型中，巴德利提出了「情景緩衝區」這一功能組件。根據巴德利修訂後的模型，從長時記憶中提取的信息通常需要與當前的需求相結合，而這些需求是由工作記憶來實現的。巴德利在2001年的論文中將這一認知功能歸結為情景緩衝區的作用。巴德利舉了一個例子：我們有能力想像一頭大象玩冰球的樣子。他提出，我們有能力超越長時記憶所提供給我們的關於大象和冰球的信息，進一步去想像這頭大象是粉色的，想像大象握住球棒的樣子，甚至想像它可能在球場上打什麼位置。因此，情景緩衝區能讓我們超越長時記憶中所存儲的現有信息，用新的方式將信息組合起來，從而用這些信息去創造新鮮的情境，並基於這些新情境採取未來的行動。

記憶的隱喻

工作記憶可以被比作你的桌上型電腦的內存容量。當前運行的操作佔用了內存，也就是電腦的「工作記憶」。而電腦的硬盤就好像長時記憶，你可以把信息放到硬盤上無限期地存儲，即使你晚上將電腦關機，信息仍然存在那兒。關機類似人的睡眠。經過一夜的良好睡眠，第二天早晨醒來，我們仍然可以訪問存儲在長時記憶中的信息（比如我們的姓名、出生年月日、我們有多少兄弟姐妹，以及在過去某個特別多彩的日子裏所發生的事情）。但是，當我們早上醒來，通常想不起入睡前的工作記憶中的最後一些想法，因為這些信息通常不會在我們睡着前轉移到長時記憶中。如果我們恰恰在進入夢鄉前的幾分鐘內想到一個很棒的主意，可能就比較讓人沮喪了。還有一個與此相關的類比：給一家先前從未去過的餐廳打個一次性的電話，這時使用的是短時記憶；與此不同的是，有時我們會創建新的長時記憶，比如當我們搬了新家，就需要創建對新家的電話號碼的記憶。

關於電腦磁盤驅動器的比喻也有助於我們理解記憶的編碼、存儲和提取之間的區分。想一想互聯網上存在的海量數據。這可以被想像成一個巨大的長時記憶系統。但是，如果沒有搜索和提取互聯網信息的有效工具，那些信息就是根本無用的：雖然理論上這些信息是可用的，但當你需要它們時，是否真的可以獲取這些信息？這就是為什麼當谷歌和雅虎這樣的高效

搜索工具出現，它們為近年來互聯網的使用帶來了巨大轉變。

說完了工作記憶以及學者們所提出的工作記憶流程組件，我們現在來探討長時記憶的不同功能要素。研究者提出這些不同的要素是為了有效闡述相關研究的結果，而這些文獻是在對健康個體以及大腦受到不同損傷的個體進行評估後得到的——這兩類來源都為人類記憶的組成情況提供了寶貴的信息。

語義、情景和程序記憶

心理學家提出的一種可能比較有用的區分是關於情景記憶和語義記憶的，這一區分在第一章中已經提及，它們代表着兩種不同的可以有意識取用的長時記憶。具體來說，圖爾文（Tulving）曾提出，情景記憶涉及對具體事件的記憶，而語義記憶從本質上來說關係到對世界的一般認識。情景記憶包括對時間、地點以及事件發生時的內心情緒的回憶。（自傳式記憶，即對個體過往經歷的記憶，代表了情景記憶的一個分支，近年來受到了大量關注。）

簡單來說，情景記憶可被定義為你對自己經歷過的事件的記憶。這些記憶自然往往包括你經歷這些事件時的相關具體情形。回想你上周末做了什麼，或者記起你參加駕駛考試的過程中發生的事情，這都是情景記憶的例子。

情景記憶和語義記憶既存在着差異，又彼此相互作用。語義記憶是對事實和概念的記憶，它可以被定義為與接收信息時的具體情形無關的知識。事實上，我們常常無意識地將情景記憶和語義記憶結合混用。例如，當我們試着回憶自己婚禮當天發生的事情，我們對那一天的記憶很有可能既包括對婚禮的期待心情，也包括對典型婚禮流程的語義記憶。

　　以下的例子可以説明什麼是語義記憶：

　　法國的首都是哪個城市？
　　一周有多少天？現在的英國首相是誰？
　　告訴我一種會飛的哺乳動物。
　　水的化學式是什麼？
　　如果你從倫敦飛往約內斯堡，你在往哪個方向？

這些問題的難度不等，但它們都需要發掘我們所積累的關於世界的大量一般性知識。我們在一生中逐漸積累着這些知識，往往把它們看成是理所當然的而不再留意。相反，如果我問你昨天早餐吃了什麼，或者你上一次生日那天發生了什麼，你的回答就有賴於情景記憶，因為我問的是發生在你生活中的具體事件或情景。你對於今天早上吃早餐的記憶會是情景記憶，涉及你什麼時候、在哪裏吃的早餐，以及吃了什麼；但是，記住「早餐」這個詞的意思，這就涉及語義記

憶。所以，你當然能夠確切地描述「早餐」一詞是什麼意思，但你很可能已經想不起來自己是什麼時候、如何學會了這個概念的，除非你最近剛剛學會了「早餐」這個概念。當然，你一定早在童年時就學會了「早餐」這個概念，但總有一些其他的概念是你最近剛剛習得的。情景記憶是如何隨着時間流逝「轉化」成為語義記憶的，這一課題至今仍然在引發大量的研究興趣和猜想。試想，你是在某一具體情景下第一次得知珠穆朗瑪峰是世界最高峰的，然後漸漸地，你又反復接觸過幾次這個信息，經過一段時間後，這一信息轉化成了一條語義信息。

語義記憶和情景記憶是否真的各自代表着獨立的記憶體系，這點仍然不能確定，但區分這兩者有助於有效地描述不同的臨床記憶障礙，有的記憶障礙影響前者多些，有的則影響後者多些。研究者已經發現，某些腦部障礙更可能影響語義記憶，例如「語義性痴呆」。相反，恩德爾·圖爾文提出，所謂的「遺忘綜合徵」以情景記憶的選擇性損傷為特徵，而與語義記憶無關(見第五章)。

學界似乎已經達成普遍共識，在有意識的記憶之外還存在着第三種長時記憶——程序記憶(例如記住騎自行車需要執行的一系列必要的身體操作步驟)。同樣地，似乎也有一些腦部障礙更容易影響程序記憶，例如帕金遜病。也有一些理論提出，程序記憶不應當被

看作一種同質的記憶體系，它其實是由幾種不同的子系統所組成的。

外顯和內隱記憶

研究者們對不同類型的記憶所作的另一個常見區分是關於外顯和內隱記憶的。這一思路與上文所討論的情景、語義及程序記憶框架有一些共同點。外顯記憶指的是在回憶的時刻能夠清楚意識到自己所回想的信息、經歷或情形是什麼。有的研究者也將這種記憶體驗稱作「回想記憶」。外顯記憶與之前所討論的情景記憶有許多可類比之處。

與外顯記憶相反，內隱記憶是指先前的經歷對後來的行為、感受或想法造成了影響，但我們並未有意識地回想起先前那些經歷。比如，一天早晨你在上班路上經過了一家中餐廳，到了那一天的晚些時候你可能會想出去吃頓中餐，卻沒有意識到這一意向是受到了早晨經歷的影響。

一些針對「啟動效應」（priming effect）而開展的研究可以說明內隱和外顯記憶之間的區別。不少研究啟動效應的實驗運用了一種叫作「限時殘詞填空」的任務（例如：e_e_h_n_；翻到56頁去看看你是否正確地將這個詞填寫完整了），對健康的個體而言，最近遇到過的單詞總是能比新的單詞填得更快、更有把握。神奇的是，即使人們並不能有意識地想起看過的單詞，而只是使用他們的內隱記憶，他們同樣能更好地完成填

空任務。另一個區分內隱和外顯記憶的補充論證來自對失憶症患者的研究。對這些病人來說，患失憶症意味着他們不能有意識地認出先前呈現給他們的詞語或圖片，但是，同健康的個體一樣，他們同樣能夠更輕鬆地填出先前看到過的詞語。這些研究提示出兩種記憶過程在功能結構方面的根本不同，差異便在於是否牽涉到對先前事件的有意識回想。

進一步的證據支持了這一觀點。例如，在20世紀80年代，拉里·雅各比(Larry Jacoby)進行了一項研究，其中包括兩方面的測試：「再認」(有意識地回想起學習過的信息)和「無意識回憶」(這是對知覺辨認任務的測試，例如辨認出先前曾迅速閃現的詞語)。雅各比還操控了實驗中目標單詞的呈現方式。每個目標詞將通過以下三種方式中的某一種來呈現：(1)沒有上下文語境，單獨出現(例如，單獨顯示「女孩」一詞)；(2)同時顯示目標詞的反義詞作為上下文語境(例如，同時顯示「男孩」和「女孩」)；(3)受試者根據所顯示的單詞說出其反義詞(例如，顯示「男孩」，由受試者說出「女孩」)。

隨後進行的外顯記憶測試中，研究者將目標詞和新的單詞混合呈現給受試者，要求他們辨別哪些詞語是他們之前接觸過的(「接觸過」的單詞包括看到過的以及受試者自己說出的詞，像上一段中所描述的那樣)。而在內隱記憶測試中，目標詞和一些新詞一起被

呈現給受試者，一次呈現一個詞，每個詞只出現很短的時間，受試者被要求辨別是否接觸過這些詞。

實驗的結果如下：就外顯再認而言，沒有上下文的情況下成績較差，受試者參與說出詞彙的情況下成績較好；有趣的是，在內隱知覺辨認的任務中，情形恰恰相反！兩組測試的結果相反，這便意味着相應的內在過程(即內隱記憶和外顯記憶)是十分不同的，可能涉及相互獨立的不同記憶機制。

上文描述的實驗是一個很好的例子，它說明設計精巧的實驗可以幫助我們確立不同心理過程之間的關鍵區別，而僅僅依靠反思內省是無法做到這一點的。相關領域內另一個精密、系統的研究範例是安德雷德等人對全身麻醉的人進行的研究。結果表明，儘管被麻醉的人當時並沒有意識，對於麻醉過程中呈現給他們的材料，他們依然會在後來體現出內隱記憶。有了這樣的實驗結果，看來很有必要建議全身麻醉手術的醫務人員特別留意自己的言論，不要隨便議論麻醉中的病人。除此之外還有一些研究表明，商業廣告可能主要是通過影響內隱記憶來實現目的的。實驗顯示，相對於從未看到過的廣告，人們會覺得之前看過的廣告更吸引人，這種現象被稱為「曝光效應」。

不同類型的記憶任務

內隱和外顯記憶的二元區分，體現了學者們所提

出的兩種記憶系統的不同(可參看福斯特(Foster)和耶利契齊(Jelicic)於1999年發表的論文,其中有對這一課題的更專業、全面的概述)。兩種記憶系統的區別常常體現為它們負責不同類型的記憶任務,同時,這種區別也很可能與記憶任務間的區別混淆起來。不同的記憶任務,可能會程度不等地涉及不同的功能過程。有些記憶任務需要人們思考意義和概念,這些通常被稱為由概念驅動的記憶任務。比如,如果你仔細看過一組詞語之後被要求記住它們,你會明確地回想這些詞語本身。與此同時,你也可能自發地想起這些詞語的意思,這便是由概念驅動的任務。還有一類任務要求人們專注於記憶材料本身,這通常被稱為由材料驅動的記憶任務。如果你的任務是要補全殘詞(例如e_e_ h_n_),並且不能查看先前看過的詞語,那麼,先前的學習過程的影響可能更多地是內隱而非外顯的。你填寫單詞的時候主要依靠的是字母的視覺排列,而較少(甚至完全沒有)使用詞語的意義,這便是由材料驅動的任務。

分別依賴外顯和內隱記憶的這兩類任務,有時也被分別稱為直接和間接的記憶任務。要區分不同記憶任務的種類(概念驅動相對於材料驅動、直接任務相對於間接任務),以及被測試的記憶組成部分的類型(外顯或內隱),都是非常具有挑戰性的。事實上,許多研究者都認為沒有哪個記憶任務是真正「純粹」地屬於

某一記憶過程的，每個記憶任務都會經由內隱和外顯過程的綜合協作而完成，記憶任務之間真正的不同在於這兩種記憶過程在其中所佔的不同比例。

記憶的體驗

　　與外顯和內隱記憶之間的區別相關的，是執行某種記憶任務時的記憶體驗類型。有學者提出，一個人是「記得」某事還是「知道」某事，兩者之間存在着確切的區別。在實驗中，「記得」被定義為受試者擁有這樣的現象體驗：他們的確在先前的記憶測試中看到過那些特定單詞。相反，某人也許只是「知道」某個詞語在先前的詞語表中，卻沒有具體回想起那個詞。這種「記得」和「知道」的區分是由恩德爾·圖爾文(Endel Tulving)首次提出的。在他的研究中，圖爾文要求受試者對每個答案進行如下判斷：(1)是否記得自己曾經看到過該詞語；(2)是否只知道該詞語曾出現過，卻想不起當時的具體情形。加德納(Gardiner)、加瓦(Java)及其同事由此展開了一系列研究，在許多不同的實驗條件下對「記得」還是「知道」進行判斷、區分。

　　其間的差異若要以客觀語言進行描述，恐怕有些困難。不過，一些實驗操作已被證明能對「記得」或是「知道」產生不同的影響。例如，研究表明，語義處理(這一過程更強調詞語的意思)會比語音處理(這一過程的重點在於詞語的發音)引起更多的「記得」反

應。但是，就「知道」反應而言，語義處理和語音處理所得到的結果並沒有多少差別。

記憶處理的層次

關於記憶（尤其是長時記憶）有一個很有影響的補充性理論框架，這便是記憶的處理層次框架。與記憶的結構模型不同，這一框架強調的是記憶的加工處理過程的重要性，而不是記憶的結構和容量。處理層次框架的思路是由弗格斯‧克雷克(Fergus Craik)與鮑勃‧洛克哈特(Bob Lockhart)在實驗心理學文獻中首次闡述的。有趣的是，在某種意義上，小說家馬塞爾‧普魯斯特(Marcel Proust)早已總結出了這一理論的主要原則，他曾寫道：「那些我們不曾深入思考的東西，很快就會被忘卻。」克雷克和洛克哈特提出，記憶的質量取決於我們在記憶編碼的那一刻信息處理的質量。他們描述了不同的處理層次，「表面」層次僅僅處理記憶材料的物理特性，「較深」的層次涉及記憶材料的語音特性，而再深一些的層次則涉及對材料的意義進行語義編碼。

隨後的許多正式實驗都表明，就測試中的記憶表現而言，「深層次」的信息編碼處理要優於「表面層次」的處理。此外，通過語義處理對材料作進一步闡釋，可增進學習效果。這是什麼意思呢？舉個例子，

假設你被要求學習一組詞語，並且需要(1)給出列表上每個詞語的解釋，或者(2)説出每個詞語令你產生什麼樣的聯想。這兩種情況都要求你對這組詞語進行語義處理。你在情形(1)或情形(2)下通常都能更好地記住這組單詞。而如果你被要求完成一個較「淺」的、和語義無關的任務，例如(3)給列表上的每個詞寫出一個押韻的詞語，或者(4)給每個詞語中的每個字母標注上它在字母表中的排位序數，那麼你的記憶表現則會較差。

換言之，如果我們看見了單詞「DOG」，我們可能僅對其進行表面的處理，留意到這個單詞是大寫的。另一方面，我們也可能在語音層面進行處理，想起它與「frog」和「log」押韻。又或者，我們也可能想到這一單詞的意思：「dog」指的是家養的、長毛的動物，有時被稱為「人類最好的朋友」。更深入的語義處理則涉及基於詞義的進一步發揮，體現了更深層次的加工，也通常會帶來更深刻的記憶(例如，我們可能會想到不同種類的狗、它們的起源地、它們最初承擔什麼功能、特定品種的狗的特徵等等)。

克雷克和圖爾文的記憶測量實驗表明，同一個詞語被正確辨認出來的幾率從20%到70%不等，取決於之前記憶編碼時處理深度的不同——這的確説明關於記憶處理層次的思路很有用。當最初的記憶處理僅僅涉及單詞是大寫還是小寫時，正確辨認的幾率僅有

20%。進行押韻練習（即語音處理）之後，辨認的正確率得到提升。而當記憶處理的步驟涉及判斷單詞填入句子後是否讀得通，隨後的記憶表現又提升了很多，幾乎達到70%的正確識別率。

有大量的數據支持這一記憶處理層次模型，不過，最初的模型細節卻遭到了批評。反對意見的主要理由是，這一思路在邏輯上是循環論證的。如果我們觀察到某種編碼處理帶來了較好的記憶結果，那麼根據記憶的處理層次模型，我們可以認為這種好的結果是由「更深」的認知處理模式導致的。如果相反，另一種編碼處理隨後帶來了較差的記憶結果，那麼根據記憶處理層次模型，這肯定是由於編碼過程中較為「膚淺」的處理。問題就在於，記憶的處理層次模型由此變成了一種自我循環、不可驗證的理論。關鍵是如何設計出一套獨立於後續記憶表現的標準，去客觀衡量記憶處理的「深」與「淺」。

因此有人認為，我們無法脫離後續的記憶表現去確立一個關於記憶處理層次深度的客觀標準。不過，最近弗格斯·克雷克提出，生理學和神經科學的方法也許可以提供獨立衡量記憶處理深度的方法。儘管記憶的處理層次模型存在着是否可驗證的問題，但重要的是，這種有關記憶處理層次的思路引發了對記憶的功能特性的關注，相關課題包括：信息編碼過程對材料進行的不同處理；編碼過程中對材料的進一步闡

釋；編碼時記憶處理的恰當與否(即信息是否「轉移」到了後續任務中，我們將在第三章中進一步討論這一點)。與巴特利特所提出的記憶框架(見第一章)類似，記憶處理的層次理論強調我們是記憶過程中活躍的主體，我們所記住的內容既取決於事物或事件本身的特性，也取決於我們在遇到這些事物或事件時自身所進行的加工處理。

第51頁殘詞補全練習的答案
elephant(大象)

第三章
出其不意，使出絕招

> 如果你想測測你的記憶力，回想一下一年前的今天你在擔心什麼事吧。
>
> ——佚名

這一章將探討如何訪問記憶中的信息。我們會談到信息可及（accessibility）和信息可用（availability）之間的主要區別，這在第二章中已經提及。我會特別強調，日常生活中和記憶有關的難題通常都和以下情形有關：我們已經接收並保留了信息，但在想要提取信息的時候卻出現了問題。此時，信息語境的作用尤為重要。當其他因素都相同時，如果我們獲取信息時所處的物理環境和情緒狀態與我們最初接觸信息時的情形相似，我們往往便能更好地想起這些信息。我們也會在本章裏進一步探討「話到嘴邊說不出來」這一現象。例如，在聚會中，我們嘗試回憶某人或某個地方的名字，有可能知道名字的第一個字，或者知道名字的大致發音，卻無法提取關於該名字本身的信息。

通過行為推斷記憶

　　我們在第二章中已看到，有許多行為能暗示出對過去事件的記憶已被喚起。假設一段時間之前你聽到了一首新歌。之後，你或許能回憶起那首歌的歌詞，或許再聽到這首歌時你能辨別出它的歌詞。又或者，當你再次聽到那首歌，你可能覺得歌詞很熟悉，但沒有確切地辨別出來。此外，那首歌中的信息也可能會潛移默化地影響你的行為和精神狀態，儘管你並未有意識地回憶、辨認出這首歌，甚至也不覺得這首歌很耳熟。

　　每天我們都會接觸大量的信息，但我們僅僅記住了其中的一部分。信息先由我們的感官加以處理，接着被編碼和存儲，然後我們還必須能有效地讀取這些信息，就像我們在第一章中探討記憶的基本邏輯組件時看到的那樣。我們能記住哪些事件，這似乎取決於這些事件在功能上的重要性。例如，在我們的進化歷程中，人類記住了與威脅（例如可能出現的捕食者）或獎賞（例如發現潛在的食物來源）相關的信息才得以存活下來。

　　我們能提取到什麼內容，這很大程度上取決於信息最初被編碼和分類時的語境，以及提取環境在多大程度上與這一語境相吻合：這就是所謂的編碼特定性原則。比如說，我們中有許多人都曾在不尋常的環境下遇到朋友或熟人，卻一下子沒能認出他們，從而感到有些尷尬。如果我們習慣於看到工作場所或學校裏

的熟人穿着特定的衣服，那麼當我們看見他們在婚禮上或者在高級餐廳裏穿着很不一樣的服裝時，就有可能一下子認不出他們。我們將會在下文中進一步思考編碼特定性原則，不過現在我們先來探討一下評估記憶的幾種主要辦法。

提取：回憶與再認

回憶(recall)信息指的是腦海中回想起該信息。通常會有一些提示線索觸發或促成回憶，例如，考試題目中通常包含一些內容提示，引導我們回想與出題者目的相關的信息。日常生活中聽到的問題，例如「你周五晚上做了什麼」，也會帶有時間線索。這樣的線索非常籠統，並沒有提供很多信息，基於這類不明確的提示而進行的回憶一般稱為自由回憶。而有些提示可能包含更多的信息，並引導我們去回想具體的事件或信息，例如，「周五晚上你看完電影後去哪了」這樣的問題就與前一個問題不同，它給我們提供了更多信息，試圖獲得某些具體資料。當提示的指向性更強時，相應的回憶過程便被稱為線索回憶。

再看一些其他例子。在實驗環境下研究記憶的提取時，研究者會在所謂的學習階段裏給受試者呈現一些信息，比如某個故事。之後，我們會要求他們回憶故事中的某些部分。自由回憶是指在沒有協助的情況下，受試者被要求盡其所能，盡可能多地回憶出故事

的內容。第二章中曾提到的「話到嘴邊說不出來」現象便體現了自由回憶時經常出現的一個問題：對於我們嘗試提取的信息，我們也只能訪問其中一部分內容。與自由回憶不同的是，線索回憶是在有提示(例如，事物所屬的類別，或者單詞的首字母)的情況下去提取某條具體信息。例如，我們可能會對受試者說：「請說出昨天我給你讀的故事裏所有以J打頭的人名。」線索回憶對於受試者而言要比自由回憶更容易，這或許是因為我們給他們提供了更多支持，給出了上下文語境，也就是說，當我們給出線索，實際上就是幫他們完成了一部分「記憶工作」。需要注意的是，提示有助於提取信息，但同時也可能引起曲解和偏見，我們在第四章中考察目擊者證詞時會更詳細地探討這一點。

當信息再次呈現於眼前，我們能夠辨認出過去事件或信息的能力被稱為再認(recognition)。例如，考試中的判斷題和選擇題考察的便是學生正確地再認信息的能力。在現實生活中，「你看完電影後有沒有去吃飯」這一類的問題提供了某些事件或信息，當事人需要判斷這些信息是否符合他的經歷，這也屬於再認。再認是不同的提取類型中最簡單的一種，因為需要提取的記憶材料實際上已經部分地呈現出來，你作為回應者只需要做出判斷即可。「迫選再認」指的是在你面前呈現兩個選項，比如兩樣東西，其中只有一樣你

之前見到過，然後別人要求你說出其中哪一件是你曾經見過的。這是一個被迫的選擇，你必須從兩者中選一個。與此類似的還有「是/否再認」，比如，我給你看一些物品，每次呈現一個，並問你：「你之前見過這個嗎？」在這種情形下，針對每個物品，你只需要簡單地回答「是」或「否」。

　　系統的實驗已經表明，以下兩個相互獨立的過程均有助於實現再認。

情境提取

　　情境提取取決於對時間和地點的「外顯回憶」。例如，你認出了一個人，你曾在上周五下班回家乘坐的公交車上見到過此人。在這一類的再認經驗中，你需要記起先前經歷的時間和地點。

熟悉

　　你可能會覺得某人有些面熟，你知道你們曾經見過，但不太想得起是什麼時候在什麼地方見過：你對此人感到了熟悉(familiarity)。這一類再現經驗的產生似乎是由於某種「熟悉化加工」程序起了作用，而先前的相遇並沒有給你留下外顯記憶。因此，這是一種不涉及太多細節的再認，與第二章中我們討論過的「知道」而非「記得」的反應類型非常相似。即使無法記得(即回憶或再認)具體的往事，熟悉化的效果也

可能體現出來。你或許有過多次這樣的經歷：遇到某個人，雖然沒法確切辨認出他們是誰，但感覺他們看上去很眼熟。的確，廣告獲得成功的基本原理之一就在於，它讓某些產品在大眾眼中變得更為熟悉，而人們對於熟悉事物的喜好要甚於不熟悉的事物（參見第二章提到的曝光效應）。正如老話所說的，不管正面負面，只要有名就好。

圖7　也許你可以立刻想起這個人是誰，也許你需要一些提示（比如「歌手」或「藝人」）。如果你想不起這個人的名字，你或許能認出她的名字：是雪兒（Cher）還是麥當娜（Madona）呢？對於回答者而言，線索回憶通常比自由回憶更容易一些，而再認一般比自由回憶和線索回憶都要更容易

我們許多人還經歷過一種奇怪的現象，這種現象主要源於一種錯位的熟悉感：我們覺得某個情境「似曾相識」。人們感覺某個情境是自己之前經歷過的，卻不能確切地想起之前的事情，也無法找到任何證據能證明這件事確實發生過。在「似曾相識」這一情形中，熟悉化機制可能是錯誤地運行了起來，於是新的事物或場景也觸發了某種熟悉感。此外，一些研究者提出，催眠也可以引發似曾相識的感覺。那麼，引發似曾相識感的大腦機制可能與我們完全清醒時的運行機制有所不同。

語境對回憶與再認的影響

回憶比較容易受到環境的影響，但再認通常不那麼容易受影響。這一點已經在實驗中得到了證實，例如，研究者要求潛水員在水下或是陸地上記住一些信息，然後在相同的地點或不同的地點測試他們的記憶。

在兩個著名的實驗中，戈登和巴德利要求潛水員在岸邊或水下記住一些信息。隨後，潛水員分別在相同環境下和不同環境下接受了測試。結果表明，就潛水員的回憶而言，信息編碼和記憶測試的環境是否相同會對結果造成很大影響。如果潛水員們記住信息和接受測試時都在水下或者都在陸地上，他們就能記住更多的信息。但如果他們記住信息時的環境和接受測

試時的環境不同——前者在水下，後者在陸地上，或者前者在陸地上，後者在水下——潛水員的記憶表現則顯著下降。簡單來說，當潛水員需要在不同的地點提取信息時，回憶就會遇到問題，但如果他們學習信息和回想信息時的地點一致，就不會有問題。不過，這種規律僅僅對回憶而言比較明顯，對再認而言並不明顯。由此可以看出，在測試記憶的時候提供與當初學習時相似的語境，這對有效的回憶十分有幫助，但對再認的影響不大。

有趣的是，回憶的表現也受到個體身心狀態的影響。如果某人在嘗試記住信息時非常平靜，但在測試中處於非常緊張或興奮的狀態，那麼他們的回憶表現就會變差。但如果他們識記信息時很平靜，而記憶測試也在平靜狀態下進行，或者他們識記信息時較興奮，測試時也同樣較興奮，那麼他們的回憶表現通常就會更好。這一點對複習迎考的學生而言十分重要：如果你考前複習時非常冷靜，但實際考試時卻非常緊張或興奮，那麼，與那些複習和考試時情緒都相對穩定的同學相比，你在考試中可能就無法很好地回憶起學過的知識。所以，在這樣的情況下建議你採用放鬆療法，盡量保證自己在考試時的身心狀態和複習時的狀態相近。

酒精、藥劑和毒品能影響人的心理狀態，所以它們也會影響人的記憶表現。喜劇演員比利·康諾利

（Billy Connolly）在2006年接受澳大利亞電視台採訪時，曾用自己的語言很好地概括了這一點：

> 哦，我現在又能記得我在哪兒了。哦，對，我記
> 得我做了這個，我記得我做了那個，接下來眼前
> 又一片漆黑，什麼都記不住了。所以為了能記起
> 事來，你就不得不再次喝醉，於是你就有了兩套
> 記憶。你有一套清醒的記憶，還有一套醉醺醺的
> 記憶，因為你已經變成了兩個人……
>
> 摘自澳大利亞廣播公司*Enough Rope*節目訪談

於是我們看到了由身心狀態決定的記憶（和遺忘）效應，以及由物理情境決定的記憶效應。記憶對狀態的依賴似乎在很多不同的情形下都會發生，但研究者通過系統的實驗一致發現，只在以自由回憶的方式測試記憶時，才會體現出記憶對狀態的依賴。如果實驗測試的是線索回憶或再認，狀態和情境變化所產生的影響並不穩定一致。

我們很難回憶起夢境中的內容，原因之一可能就是這種與狀態相關聯的遺忘效應，雖然這一點很難用科學手段進行研究。而如果我們正在做夢時被喚醒了，我們通常能夠較容易地回憶起夢中的一些內容，這可能是因為至少有一些內容還留存在工作記憶之中。

有幾個因素可以解釋自由回憶對於狀態的依賴。比如，各種精神活躍狀態可能會導致不尋常的編碼或提取方式，這些方式與我們在正常狀態下所採取的方式不相容。舉例來說，吸食大麻會令人們對記憶刺激物產生不尋常的聯想，這對自由回憶過程的影響是很大的，因為受試者需要生成相應的情境線索來幫助自己回想。但在線索回憶和再認過程中，記憶材料中的一部分信息已經提供給受試者了，編碼和提取操作之間不匹配的可能性便大大降低，這是因為學習過程中的一些信息已經在記憶測試過程中再次出現了，它們是恆定的。

　　另外，正如我們之前所看到的，再認通常包含較強的「熟悉化」因素，這一因素與語境無關，因而不太會受到語境變化的影響。當然，身心狀態和物理情境的變化也會影響到我們之前所說的再認中的「外顯回憶」部分，這類似於狀態和情境變化對回憶過程的影響。

記憶的無意識影響

　　即使沒有回憶、再認或感到熟悉這樣的過程，我們也能從其他途徑觀察到記憶的存在。正如我們在第二章中提到的，如果我們之前曾接觸過某信息，當我們再次接觸這一相同信息，即使沒有任何明顯的記憶跡象，我們的表現也會因為先前有過接觸而有所不

同。這種無意識的記憶效應可能會產生一些問題，例如，曾有正式的研究考察了人們是否會相信類似於「世界上最高的雕像在中國西藏」這樣的陳述，即使這些陳述並不正確。研究顯示，如果人們曾在之前的記憶實驗中看過這些陳述，他們便更有可能相信這些話，即使他們並不能以任何方式回想起這些陳述。在社會環境下，許多行為干預手段的背後恐怕就有這種對記憶的無意識影響，比如政治宣傳便是如此。

正如我們在第二章中看到的，啟動效應描述了過去事件對我們行為所產生的一種影響，這種影響通常是無意識的。比較某事件發生後出現的行為和事件沒發生前的行為，可以測量啟動效應。在上文關於西藏雕像的例子中，人們相信這一陳述可能是由於之前看過這樣的陳述，從而引發了啟動效應。如果實驗對兩組人進行考察，其中一組人之前看到過某個陳述，而另一組人沒有看過這一陳述，只要比較他們對這一陳述的相信程度，便可以評估之前看過這一陳述所帶來的啟動效應。以下是另一個關於啟動效應的例子：考慮一下「_i_c_o_e」這個殘缺的單詞。

研究者會考察人們需要多長時間才能把它填補成一個真正的英文單詞(比如說「disclose」)，並對以下兩組人所使用的時間長度進行比較：一組是最近碰到過這個單詞或這個概念的人，另一組是最近沒有碰到過這個單詞或概念的人。即使是最近看到過

「disclose」一詞卻想不起來自己看過這個詞的人，通常也會比沒有這一經歷的人更快地將殘詞填充完整。（正如我們在第二章中提到的，甚至失憶症患者也可以順利完成此類任務。）兩種人所需要的反應時間不同，這便是啟動效應的結果，這也證明了第一組人對之前的經歷保留着記憶。

是不同的類別，還是連續的統一體？

我們可以將記憶的不同表現方式視作一個連續統一體：自由回憶……線索回憶……再認……熟悉感……對行為的無意識影響。這一思路暗示出，記憶的這些不同表現形式之間的差別，是由於記憶的強度不同，或者說，信息可用性的不同。按照這樣的理論，如果記憶很鮮明，我們就有能力進行自由回憶以及所有其他的記憶方式。但隨着記憶減弱，或者說信息可用性降低，自由回憶可能就無法進行了。這時候，記憶仍然可以由其他的形式（再認、熟悉感、無意識影響）體現出來，比起自由回憶，這些其他形式所對應的記憶強度較低，或者說信息可用性較差。

這一思路簡單清晰，所以相當吸引人。但是，把記憶看作連續統一體，這一思路也有其潛在的問題。例如，能回憶出信息並不意味着一定能正確地再認信息。而且，有些因素會對再認和回憶的表現產生相反的影響，例如詞頻因素。像「桌子」這樣的高頻詞，

會比「錨」這樣的低頻詞更容易被回憶出來，但是低頻詞卻更容易被再認。此外，刻意獲取的信息通常比偶然獲得的信息更容易被回憶起來，但是無意間獲得的信息有時卻更容易被再認。此中關鍵在於，當記憶編碼過程受到直接影響，特定記憶參數下得到的記憶結果就會變得不同，有時甚至是出人意料的。

相關的研究和測試

正如我們在本章中已經看到的，我們能提取出什麼內容，很大程度上取決於信息最初被編碼或分類時的語境，以及提取時的語境在多大程度上與之吻合。我們看到，圖爾文提出了編碼特定性原理，強調了學習信息(編碼)時的情形與測試記憶(提取)時的情形之間的關聯。在任何一種編碼條件下，編碼都是具有選擇性的；也就是說，哪些信息被編碼，這取決於我們在學習這些信息時的需求。根據圖爾文的理論，事後能回憶起什麼信息，這取決於信息獲取環境和記憶測試環境之間的相似程度。我們還考察了另一個能說明這一點的例子，那就是戈登和巴德利在岸邊和水下對潛水員進行的記憶測試。

巴克利(Barchy)及其同事展開了更為深入的實驗，從而更具體地說明了編碼特定性。研究者要求受試者仔細閱讀一些句子，句中包含了一些關鍵詞。例如，關鍵詞「鋼琴」是通過以下兩句話中的某一句呈

現給某位受試者的：「那人把鋼琴調好了。」「那人把鋼琴抬了起來。」受試者在進行回憶時會得到一些提示，這些提示可能與指定對象（鋼琴）的某些特點相關，也可能不相關。在測試中，如果讀過「調鋼琴」那句話的受試者得到的提示是「悅耳的東西」，他們就能夠回想起「鋼琴」這個關鍵詞。相反，如果讀過「抬鋼琴」那句話的受試者得到的提示是「悅耳的東西」，他們就不大回憶得出「鋼琴」一詞：根據編碼特定性原則，這是因為當他們獲取信息時，鋼琴悅耳的特點並未受到強調。反過來，對於讀過「抬鋼琴」那句話的受試者，「重的東西」這樣的提示會比「悅耳的東西」更有幫助。

這一實驗說明了編碼特定性的兩個重要方面：

1. 原始信息中，只有那些在學習過程中被特別強調過的部分能確保被編碼。
2. 要想成功地回憶出信息，測試中所給的提示需要同被編碼的信息的某些特點相吻合。換言之，回憶效果取決於編碼和線索之間的匹配程度。

因此，想要達到最佳的回憶效果，測試涉及的信息處理類型需要與獲取信息時的處理類型適當地匹配起來。莫里斯（Morris）及其同事驗證了「遷移適當加工」（transfer appropriate processing）效應的作用，他們

的實驗是對我們在第二章中所說的克雷克和圖爾文「記憶處理層次」實驗的延展。克雷克和圖爾文在最初的實驗中，曾設法使得受試者在信息編碼過程中重點關注詞語的幾種不同特徵：或是物理特徵，或是語音特徵（例如詞語如何押韻），還可能是語義特徵。正如我們在第二章中所看到的，在典型測試條件下，編碼時進行語義處理的受試者在測試中的表現最好。但在莫里斯及其同事所展開的進一步實驗中，測試階段又增加了一個條件：受試者需要辨認出與編碼階段所呈現的單詞押韻的詞語。對於這一新的「押韻」提取條件，包含押韻任務的那種編碼過程與之最為匹配。在這一測試中表現最佳的，正是那些在學習過程中參與了押韻任務（即語音處理）的受試者。

第四章
記憶的偏差

　　本章將探討是什麼導致了遺忘。我們是否真的會遺忘任何事情？抑或我們只不過是在檢索信息時遇到了困難？我們將對這一爭論進行探討。我們還將討論記憶過程中的其他難題，例如暗示所導致的記憶扭曲和偏差——這曾是過去幾十年來許多研究所關注的焦點，尤其是針對目擊者證詞的研究。我們還會討論某些記憶運作尤其高效的情形，比如所謂的「閃光燈記憶」，研究者認為在這類情形下記憶會變得尤其鮮明（試想一下對約翰·甘迺迪(John F.Kennedy)遇刺或者威爾士王妃戴安娜(Diana, Princess of Wales)之死的記憶吧）。與此相關，我們還將探討影響記憶運作的情緒事件，例如，當我們感知到可能的威脅或獎賞時，我們通常能更有效地記住信息。

遺忘

　　請您記住11月5日，記住火藥、叛亂與陰謀。絕對沒有理由忘記火藥、叛亂與陰謀。

——佚名

> 遺忘的存在從未被證明過：我們只知道有一些事
> 情，當我們希望想起它們，它們並未出現在腦海
> 中。
>
> ——弗里德里希·尼采

回想一下我們在第一章中介紹的編碼、存儲和提取這三者之間必要的邏輯區分。遺忘可以定義為存儲後信息的丟失。遺忘也可能並不是存儲信息的過程本身出了問題，而是由於我們進行提取時，相似的記憶之間發生混淆、互相干擾。如果我們想要完整地理解記憶是如何運作的，我們就需要試着理解影響遺忘的因素。

關於遺忘，存在着兩種傳統觀點。一種觀點認為，記憶只是褪色或者消散了，就像物理環境中，物體經過一段時間後褪色、磨損、失去光澤一樣。這種觀點將遺忘和記憶視作相對被動的過程。第二種觀點則將遺忘視為更加主動的過程，認為並沒有證據表明記憶中的信息是被動消退的，相反，是因為記憶痕跡變得混亂、模糊或彼此重疊，才發生了遺忘。換言之，遺忘的發生是干擾造成的後果。

當前研究文獻中，較為統一的意見是：這兩種過程都會發生，但通常很難將兩者區分開來，因為時間的作用（即記憶的褪色和消散）與其他信息的干擾通常是同時存在的。例如，當你嘗試回憶1995年溫布頓網

球錦標賽中男子決賽的情況，你的記憶可能不太準確，這既可能是時間流逝所造成的遺忘，也可能是後來的一些比賽對回憶這場比賽產生了干擾，上述兩種情形也可能同時發生。不過，有證據表明，干擾可能是導致遺忘的更為關鍵的機制。換言之，如果在觀看1995年溫布頓男子網球決賽之後，你沒有觀看過其他任何網球賽，那麼你對這場比賽的記憶可能會比此後看過其他網球賽的人更為清晰，因為你對1995年決賽的記憶是更為「獨特」的。

　　一般而言，我們記憶中的不同經歷確實會相互作用、彼此交錯，因此我們對某段經歷的記憶往往會和另一段經歷的記憶相互關聯。兩段經歷越相似，對它們的記憶就越有可能相互作用。在某些情況下，這種相互作用可能是有益的，比如新的語義學習可以在舊信息的基礎上進行：有證據表明，國際象棋大師能比新手更好地記住棋子的位置，稍後我們會在本章中進一步探討這一點。但是，當我們需要區分這兩段經歷並將它們分別呈現時，記憶的相互干擾便會令我們的記憶不再準確。例如，對兩場溫布頓網球決賽的記憶可能會相互混淆。

閃光燈記憶和回憶高峰

　　記憶的一個有趣特點是，人們似乎能長時間地、生動地記住某一些事件，尤其是當這些事件非常特

殊，或者能引起很多情緒時。這一現象的兩個不同方面分別是閃光燈記憶和回憶高峰。

1963年，約翰·肯尼迪遇刺。1997年，戴安娜王妃逝世。2001年，紐約世貿大廈被摧毀。對於親歷過這些事件的人們而言，這些事是非常難忘的。對這類事件的記憶即使歷經很長的時間也難以抹去。許多人都記得當初聽到這些新聞時自己在什麼地方，和什麼人在一起。這就是所謂的「閃光燈記憶」。在這種情緒非常激動的情形下，人們的記憶表現通常較好。正如莎士比亞在《亨利五世》中提到阿金庫爾戰役(Battle of Agincourt)時所寫的那樣：「老年人記性不好，可是他即使忘記了一切，也會分外清楚地記得在那一天裏他幹下的英雄事跡。」

與此不同的是，回憶高峰出現在人們生命的後半途，當他們回想過往經歷的時候。在這種情況下，對人生不同階段的記憶並不平均，人們記得最多的是發生在青春期和成年早期之間的事情。作家、律師約翰·莫蒂默(John Mortimer)就很準確地概括了這一點：「在那遙遠的過去，我在失明的父親面前以獨角戲形式表演《哈姆雷特》，我跟自己決鬥，喝下毒酒⋯⋯這些情景就像發生在昨天那般清晰。在霧靄迷濛的記憶中，丟失的反倒是僅僅十年前發生的事情。」專家們認為，回憶高峰的出現是由於人生早期發生的許多事件尤其重要：其中許多事件往往伴隨着

大量的情感（因此可能也與「閃光燈記憶」有關），比如遇見伴侶、結婚、成為父母親；還有一些事件則具有另外的重要意義，比如大學畢業、開始工作，或作為背包客環遊世界等等。

閃光燈記憶和回憶高峰都是較有爭議的研究領域。就閃光燈記憶而言，有學者質疑說，對於戴安娜王妃之死這類事件的記憶，我們需要考察語義記憶究竟在多大程度上干擾了情景記憶。儘管我們感到自己記住了豐富的情景細節，但事實上這些細節可能是事後推斷出來的（可參見第二章中關於語義記憶和情景記憶可能的相互作用的簡要探討，以及第一章中關於「自上而下」強加的影響會如何令記憶發生改變的闡述）。儘管如此，這兩個課題均在記憶文獻中佔有相當大的分量。

記憶的組織與錯誤

> 好記性不如爛筆頭。
>
> ——中國諺語

20世紀六七十年代，有人針對國際象棋棋手進行了一些研究，看他們能多準確地記住棋盤上棋子的位置。結果顯示，國際象棋大師在觀察棋盤五秒後就可以記住95%的棋子的位置。實力較弱的棋手能正確定位40%

圖8　1963年，約翰‧甘迺迪遇刺。1997年，戴安娜王妃逝世。2001年，紐約世貿大廈被摧毀。對於親歷過這些事件的人們而言，這些事是非常難忘的

的棋子，而且需要嘗試八次才能達到95%的正確率。更深入的研究表明，國際象棋大師之所以表現優秀，是因為他們將整個棋盤視為一個有機的整體，而不是將其視為單個棋子的組合。類似的情形也在橋牌專家回憶橋牌牌局、電路專家被要求記認電路圖的研究中得到了驗證。在上述這些情況下，專家們都將材料組織成了清楚連貫、具有意義的模式。憑藉之前豐富的經驗，專家們似乎可以大大提升自己的記憶結果，遠超出普通人的表現。

圖9　有證據表明，國際象棋大師能比新手更好地記住棋子的位置。這顯然是由於大師能夠將整個棋盤視為一個有機的整體，而不是將其視為單個棋子的組合

我們已經在第三章中看到，在提取的時候對信息加以組織(例如以提示的方式)可以幫助人們回憶。而對國際象棋高手等專家的研究表明，學習信息時對信息加以組織，同樣也有助於回憶。在實驗室裏，研究者對比了兩種信息獲取條件下的記憶表現，前者的記憶材料是相對無結構的，而後者的記憶材料具有一定的結構。例如有兩組單詞，一組是由隨機、混亂的單詞組成，而另一組中的單詞是分門別類排列好的：蔬菜類，傢具類，等等。當人們被要求回憶這些單詞組時，他們對分類單詞的記憶表現要顯著優於他們對隨機單詞組的表現。因此，在信息獲取階段根據意義對信息加以組織，有時也能提升記憶測試的成績。不過我們之後便會看到，信息獲取時的某些組織方式也可能令後續的記憶結果發生扭曲。

已有知識的影響

基模：我們已經擁有的知識

正如我們在第一章中看到的，在20世紀30年代，巴特利特曾要求英國的受試者們閱讀並回憶一則印第安人民間故事《鬼的戰爭》(*The War of the Ghost*)。這則故事的文化背景與受試者們的文化背景相去甚遠。當人們嘗試回憶故事時，他們所講述的東西顯然是建立在原先那則故事的基礎上，但他們添加、刪減、修

改了其中的信息，從而生成了一則對他們而言更為合理的故事。巴特利特把這稱為「對意義的追求」。

巴特利特提出，我們擁有一些基模（schemata）；他所說的基模指的是對過往經驗加以組織後所得到的意義結構。這些基模幫助我們理解熟悉的情形，引導我們的預期，並為新信息的處理提供了一個框架。例如，我們可能擁有這樣的基模：上班或上學時「典型」的一天，或者去餐廳就餐、去影院看電影的「典型」經歷應該是怎樣的。

如果先前擁有的知識基模難以派上用場，人們就會感到新呈現的信息難以理解。布蘭斯福德（Bransford）和約翰遜（Johnson）所進行的一項研究很好地說明了這一點。研究人員提供一段文字讓受試者記憶，文字的開頭是這樣的：

> 步驟實際上非常簡單。首先把東西分類。當然，有時候一堆就夠了，這取決於到底有多少要弄。如果缺乏相應的設施，你需要去其他地方，那就是下一步的事；不然的話，現在就可以開始了。不要胃口太大，這很重要；也就是說，一次放很少總比一次放太多要好。

受試者讀完這段文字後，即使研究者把文字的標題提供給他們，受試者回憶這段文字時依然覺得困難。布

蘭斯福德和約翰遜發現，只有在給出文字之前先給出標題（「洗衣服」），之後的記憶表現才能得到改善。事先提供了標題，文字就變得更加有意義，回憶的準確性便提升了一倍。對這一實驗結果的解釋是：事先提供標題不但解釋了文字的內容，還向受試者暗示了熟悉的基模，幫助他們理解整段文字。因此，提供一個有意義的上下文語境似乎能改善記憶的效果。

不過，即使不能理解也是可以記住的，尤其是在得到協助的情況下——比如通過再認測試來確認所呈現的信息（參見第三章）。阿爾巴（Alba）和他的同事們證實，雖然提前知道標題能夠改善對「洗衣服」這段文字（內容參見前文）的回憶，但無論有沒有標題，受試者對文中語句的再認表現都是一致的。阿爾巴及其同事得出了結論：有了標題，受試者便能夠將語句整合為一個連貫的整體，從而有助於回憶，但這只會影響語句間的意義關聯，並不影響語句本身的編碼。這就是為什麼在沒有標題的情況下，受試者對文字材料的再認表現也沒有變差。

借「洗衣服」這段文字所進行的研究說明，我們已有的知識能幫助我們記住新的信息。鮑爾（Bower）、溫岑斯（Winzenz）及其同事則提供了另一個例證。他們要求受試者記住幾組詞語，這些詞語或是毫無規律的隨機組合，或是有層次、有規律地排列而成。這些研究者發現，如果將單詞以有意義的方式排列起來，

記住這些單詞所需要的時間僅為單詞無規律排列時的四分之一。詞語的排列層次顯然強調了詞義之間的差異，這不但能幫助受試者更方便地記住這些單詞，也為之後的回憶提供了一個框架。因此，對記憶材料進行組織、整理，能夠同時提升對這些材料的學習效果和回憶表現。

知識如何促進記憶？

正如第三章中所提到的，任何領域的專家學習其專業內的信息，都比新手更輕鬆、更迅速，這表明我們所學習的內容似乎有賴於我們已有的知識。例如，莫里斯及其同事證明，受試者所擁有的足球知識的多少，與他們聽過一遍後即能記住的足球比分的數量之間有很強的相關性。研究者將一些新的足球比分報給受試者，就像周末的足球比分廣播一樣。一組比分是真正的足球比分，而另一組則是模擬得分：通過合理地模擬比賽雙方，按照與前一周相同的進球頻率計算所得的比分。在實驗中，受試者會被告知他們聽到的哪些得分是真實的，哪些是模擬的。似乎只有真實的比分才能激發足球專家的知識和興趣。對於真實的比分而言，記憶結果顯然與足球專業知識有關——擁有更多足球知識的球迷能回憶出更多的比分。但是對於模擬的比分(這些比分其實非常合理，但不是真實的分數)而言，受試者有沒有專業知識對於之後的回憶表現

並沒有太大的影響。這樣的結果表明,記憶容量與現有知識(恐怕還有興趣和動機)在相互作用,從而決定了哪些信息能被有效地記住。

知識如何導致錯誤?

我們已有的知識是非常重要的財富,但它也可能導致一些錯誤。在一次相關研究中,歐文斯(Owens)和同事們向受試者描述了由某個角色所進行的活動。例如,其中有一段描述是關於一個名叫南希的學生,以下是這段描述的第一部分:

> 南希去看醫生。她來到診所,在前台接待員那裏登記。她去找護士,護士為她作了例行檢查。然後南希踩上體重秤,護士記錄下她的體重。醫生走進房間,查看了結果。他笑着對南希説:「嗯,看來我的估計沒有錯。」檢查結束後,南希離開了診所。

有一半的受試者被提前告知,南希擔心自己懷孕了。這些受試者在之後的回憶測試中,給出的錯誤信息是其他受試者的二到四倍之多。例如他們中有些人回憶道,南希接受的「例行檢查」中包含妊娠測試。這類錯誤在再認和回憶測試中都有出現。這反映了一個事實:人們對於生活中常見的活動(看病、聽講座、去餐

廳就餐等等)有自己的預期,而這些預期提供的基模能促進或誤導我們的記憶。

在「洗衣服」研究的另一部分中,鮑爾和同事研究了基模對於回憶的影響。他們給受試者提供了一些基於正常預期的故事,但故事中包含一些與正常情況差別很大的內容。比如說,一個關於在餐館吃飯的故事可能提到了在餐前付賬。在回憶這些故事時,受試者傾向於按照基模的(也就是更典型的)結構來調整這個故事。受試者常見的記憶錯誤還包括,添加一些在典型場景下通常會出現但在故事中並未提及的內容,例如在選擇菜品前先閱讀菜單。

總之,以上這些實驗以及類似的研究均表明,人們傾向於記住與他們腦海中的基模相符的信息,並過濾掉那些不一致的信息。

真實和假想的記憶

正如第一章中提到的,即使我們認為自己在腦海裏準確「回放」了之前的事件或信息,像放錄像帶一樣,但實際上,我們是用一個個的碎片構建起了記憶,我們已有的知識和觀念也參與進來,告訴我們應當如何將那些碎片加以組合。

這一策略的適應性通常很強。如果新事物和我們已經知道的事物之間的相似度很高,我們就傾向於不記住這些新信息。但是有時候,實際發生的內容與推

理想像出來的內容之間，界限可能會較為模糊。

現實監控

　　現實監控指的是區分出哪些記憶是有關真實事件的，哪些又是來自夢境或其他的想像來源。瑪西亞·約翰遜(Marcia Johnson)及其同事在幾年時間內對此進行了系統研究。約翰遜提出，不同的記憶在性質上存在差異，這對於區分外來的記憶和內部生成的記憶十分重要。她認為外部記憶具有以下屬性：(1)具有更強的感官性質；(2)更為具體、複雜；(3)發生在某種具體可信的時間、地點情境下。與此相對，約翰遜認為，內部生成的記憶則更多地包含推理及想像過程的痕跡，這些痕跡都是在生成內部記憶的過程中留下的。

　　約翰遜找到了支持這些差別的論據，但如果我們使用他所提出的這些差別作為判定標準，我們就會把一些不真實的記憶視為是真實的。例如，在20世紀90年代有一項研究，要求受試者回憶一盒錄像帶中的細節，並同時彙報他們對自己的記憶有多自信，告訴研究者他們心中是否有清晰的心理圖像和細節。研究者發現，受試者心中清晰的影像和細節越多，他們的回憶也就越準確。但是，由於記憶材料是可以親眼看到的影像，人們有些過於自信了：當受試者給出伴隨有心理圖像的錯誤細節時，倒比給出不帶心理圖像的正確細節時更有信心。這些發現似乎意味着，並不存在

完全可靠的方法來區分「真實」和「假想」的記憶。

　　和現實監控這一概念相關的是源監控，即成功地確定記憶的來源，例如，能說出我們是從一個朋友那裏而不是收音機裏聽到的某則信息。下面我們將會看到，錯誤地確認記憶來源可能帶來嚴重的後果，例如目擊者的證詞便是如此(參見米切爾Mitchell和約翰遜Johnson於2000年發表的論文)。

目擊者證詞

　　我們甚至都不能很好地記住日常環境中的情況。例如，在第一章中我們看到，要正確地回憶出口袋裏某個硬幣上的頭像是朝左還是朝右，這麼簡單的事情做起來也相當有挑戰性。通常而言，人們都不知道這個問題的答案，即使他們幾乎每天都使用這種硬幣。有些人可能會爭辯說，當我們看到不同尋常的事件，例如犯罪事件，我們就能更有效地記住這些事件了，這比嘗試記住一枚硬幣上的平凡細節要容易得多。畢竟，在日常生活中，我們並不需要知道頭像的朝向就能有效地使用硬幣。

　　但是我們知道，在犯罪現場，有很多因素會對目擊證人造成負面影響，從而模糊或扭曲他們的記憶：

- 儘管高度激動的情緒可能促進記憶(正如我們之前所看到的)，但當某人處於極度的壓力之下，

他們的注意力可能是相當有限的(例如，只注意了危險的武器)，而他們的感知也往往出現偏差。

- 與上一點相關的是，身處暴力事件中的人們通常記憶能力會變差，因為這時候自我保護才是重點(例如，人們會調用一定的認知資源去尋找逃離的路線，或者尋找用於自衛的工具，而不會重點記住罪犯的外表和身份)。

- 同樣地，犯罪現場的武器會分散目擊者對於罪犯的注意力。

- 雖然與回憶信息相比，我們更擅長辨認面孔，但衣着往往是造成記憶偏差的重要原因。碰巧與罪犯穿着類似衣服的人可能會被錯誤地指認。

- 對於與自己種族或民族不同的人，人們往往不擅長辨認他們的相貌。即使我們與其他種族的人群有相當多的接觸，事實仍然如此(不過，這種現象似乎與種族歧視的程度並不相關)。

另一個會造成記憶扭曲的強大因素是誘導性問題。「你有沒有看見這個男人強暴了那個女人？」這個問題就屬於誘導性問題。比起「你有沒有看見一個男人強暴了那個女人？」，前一個問題更有可能讓證人指認相關罪行。因此，假設你在某交通樞紐處目睹了一場事故，之後警察問你，車是停在樹的前面還是後

面。被問及這樣的問題，你便很有可能將樹「添加」到記憶場景中去，即使現場根本就沒有樹。一旦樹被添加進去，它就會成為記憶的一部分，我們很難再區分真實的記憶和之後經過增添的記憶。

唐納德‧湯普森(Donald Thompson)一直非常積極地主張目擊者的證詞並不可靠——我們馬上就會看到，這一點是多麼具有諷刺意味——他曾親歷過一次非常典型的記憶偏差事件。有一次，湯普森參加了一個關於目擊者證詞的電視辯論。過了一段時間後，警察逮捕了他，但拒絕解釋原因。直到在警察局裏一位女士將他從一排人中指認了出來，他才知道自己就要被控強姦罪了。詢問了更多細節後，他發現，很顯然強姦案發生的時候他正在參加那次電視辯論。他有很好的不在場證據，而且有許多證人，甚至包括和他一同參加辯論的一名警官。巧的是，那名女士被強姦時，房間裏就在播放着這場電視辯論。這是一個源檢測的問題，稱為「來源遺忘」(丹尼爾‧沙克特Dan Schacter在其著作《記憶的七宗罪》中將這稱為錯誤歸因)。由此看來，那位女士對強姦者的記憶被同一時間從電視上看到的面孔扭曲了。(而那個電視節目所討論的話題正好也非常相關。)那位女士認出了湯普森的面容，但是認知的來源卻歸納錯了。

再來看看另一個相關的話題：有些研究表明，在一些情況下，當兩個人互換了位置，旁人無法察覺他

們究竟是什麼時候換了位置的。這種現象稱為「變化盲視」。人們顯然對於周圍環境中發生的改變並不太敏銳。綜合考慮目擊者證詞可能出現的問題，變化盲視現象也說明了我們是多麼容易對周圍環境中的信息進行不準確的加工。

誤導信息效應

新添加的信息會如何扭曲舊有的記憶，這是一個重要的研究課題，無論研究者們是關心目擊者證詞的現實意義，還是關注記憶本質的理論意義。儘管我們知道記憶的不可靠性，法律工作者、警察和媒體仍然賦予了目擊者證詞相當重要的地位。但是正如我們在前一節中所看到的，鑒於我們通過精確的科學實驗所了解到的記憶運作方式，目擊者可能會提供並不屬實的「信息」。目擊者對犯罪情景的描述還可能取決於他們投入的情感及個人觀點，例如他們是更同情罪犯還是更同情受害者。

伊麗莎白·洛夫特斯(Elizabeth Loftus)和同事們對誤導信息效應進行了深入探索。具體來說，洛夫特斯及其同事反覆證明了，在進行干預、誤導性質疑或提供錯誤信息後，受試者的記憶會發生扭曲。即使誤導信息間接地出現，這樣的問題仍然會出現。例如，洛夫特斯及其同事向受試者展示了一組關於道路交通事故的幻燈片。之後，研究者向受試者詢問那個事件。

研究者對其中一半的受試者提問時，對其中一個問題進行了修改：將其中的「避讓」交通標識換成了「停止」標識。接受了誤導信息的受試者在之後的記憶測試中，更有可能確認錯誤的信息。這些受試者傾向於選擇在誤導問題中提及的路標，而不是他們自己親眼所見的路標。這是強而有力的研究發現，提示我們思考究竟如何提問才能讓目擊者的回憶盡可能準確。不過，誤導信息效應的基礎原因仍然存在爭議。那些對洛夫特斯的觀點存疑的人認為，受試者最初的記憶確實有可能由於那樣的提問而發生永久地扭曲，但同時也存在這樣的可能性：那些提問提供了受試者本來無法記住的真實信息，從而對受試者的記憶起到了補充作用。稍後我們會就這一點在本章作進一步探討。

　　總體而言，這些研究結果的要旨在於，（我們要再次強調）記憶不應被視作一個被動的過程。正如我們在第一章中看到的，記憶是一個「自上而下」的系統，受到我們的心理定勢（mental set）的影響，被種種偏見、刻板印象、信仰、態度和思想所左右；記憶同時還是一個「自下而上」的系統，受到感官輸入的影響。換言之，記憶並非僅僅由源於我們物理環境的感官信息所驅動，人們被動地接收這些信息並將其存放在記憶庫裏；相反，根據我們過往知識和偏見的影響，我們為接收到的信息強行賦予了意義，從而改寫了我們的記憶，使其更符合我們對世界的看法。

虛假記憶

　　和誤導信息效應相關，但是可能帶來更為嚴重後果的是恢復記憶和虛假記憶。通過治療，一些成年人「恢復」了對童年時期被虐待經歷的記憶，從而導致刑事定罪。但在這些情況下，人們是真的「恢復」了對於發生在他們童年時期真實事件的回憶，還是被誘導記住並沒有真正發生的事情？大量研究已經表明，在一定情況下，可以創建出虛假的記憶。有些時候這些虛假記憶是有益的——例如，羅迪格（Roediger）、麥克德莫特（McDermott）及其同事從20世紀90年代開始進行了大量的研究，研究表明，人們可以通過激發

圖10　我們對車禍這類事件的記憶會受到提問的影響，信息可以被「添加」進我們的記憶。這種現象被稱為誤導信息效應，對於我們思考目擊者證詞的有效性有着深遠意義

「記住」某個語義上和先前呈現的詞語相關的詞語，而該單詞卻在之前沒有出現過(例如，人們可能會記得曾經看到過單詞「夜晚」，當他們之前看到了一系列和「夜晚」語義相關的詞語，例如「黑暗」「月亮」「黑色」「靜止」「白天」……)。

但並非那麼有益的是，通過使用暗示或者誤導的信息，可以創造出關於「一些事件」的回憶，從而讓人們強烈地認為這些事件曾經在過去發生過，但事實上這些記憶是虛假的。所以至少有可能的是，人們所「記得」的受虐待的經歷其實是虛假記憶。

伊麗莎白·洛夫特斯在實驗中發現，人們回答誤導性問題時幾乎和他們回答無偏見問題時同樣地迅速和自信。在這種情況下，即使受試者注意到有新的信息被添加進來，這仍然會成為他們對事件「記憶」的一部分。因此，回顧過程也可能引起記憶偏差，即使我們可以清楚地意識到這種偏差。在某一次實驗中，洛夫特斯和帕爾默(Palmer)要求一些學生觀看一系列影片，每則影片顯示一宗交通事故。之後這些學生需要回答關於這些事故的問題。其中一個問題是：「當兩輛車互相＿＿＿時，車開得有多快？」每組學生看到的問題中，空格處的詞語都不同，可能是以下詞語中的任何一個：「猛撞」、「撞擊」、「撞上」、「碰撞」或者「擦碰」。研究者發現，學生對於車速的估計會受到問題中所選動詞的影響。洛夫特斯和帕爾默

得出結論，學生們對於事故的記憶被問題中暗示的信息改寫了。

洛夫特斯和帕爾默繼續對這一問題進行研究，他們要求學生們看一段關於多宗交通事故的影片。學生們又再次被問及車速，其中一組學生的問題中使用「撞碎」（暗示更快的速度），另一組問題中使用「碰撞」。第三組學生並沒有被問及這個問題。一週以後，學生們被要求回答更多的問題，其中一個是：「你在事故現場有沒有看到破碎的玻璃？」

洛夫特斯和帕爾默發現，問題中的動詞不僅影響了學生對車速的判斷，還影響了一週後他們對關於玻璃的問題的回答。那些估計出更高車速的學生更有可能記得在事故現場看見過破碎的玻璃，儘管影片中其實根本沒有破碎的玻璃。那些之前沒有被問及車速問題的學生們中，當一週後被問及玻璃，極少有人回答看到過破碎的玻璃。

在另一項研究中，洛夫特斯又讓受試者觀看了一個交通事故影片。這次，她問其中的一些受試者：「白色跑車在鄉間道路行進時，它以怎樣的車速經過穀倉？」事實上，影片中並沒有穀倉。一週後，那些被問過這一問題的受試者更有可能說他們記得在影片中看到過一個穀倉。即使在受試者看過影片後立即問他們：「你看到一個穀倉了嗎？」他們也更有可能在一週後「記得」看見過穀倉。

洛夫特斯從這些實驗中得出結論：後續引入的誤導信息可以改寫對事件的記憶。有些研究者認為，這些受試者只不過是說出了研究者期望他們回答的答案，就好像小孩子會按照大人期待的方式回答問題，而不會說他們不知道。洛夫特斯又接着找到了更多的證據支持其結論。

他們又讓受試者看了一宗交通事故，但這次是通過一系列幻燈片。事故顯示，一輛紅色的日產車在一個十字路口轉彎，撞到了一個行人。但是其中一組受試者看見車起先停在「停車」標誌那裏，而另一組受試者看見車停在「避讓」標誌那裏。這一次，關鍵問題是：「當另一輛車經過日產車時，日產車是停在停車標誌那裏嗎？」或者「當另一輛車經過日產車時，日產車是停在避讓標誌那裏嗎？」每組中有一半的受試者聽到的問題中使用的是「停車」，另一半受試者聽到的問題中使用的是「避讓」。每組中有一半的受試者收到的信息與他們在事故幻燈片中看到的一致，另一半受試者則接收了誤導的信息。

20分鐘後，所有受試者都要觀看兩套不同的幻燈片，其中一套是他們之前實際看到的，另一套作了一些調整，受試者必須在兩套中選擇更準確的一組。其中的一組幻燈片顯示車停在「停車」標誌處，而另一組幻燈片顯示車停在「避讓」標誌處。研究者發現，如果學生被問到的問題和他們之前所看到的幻燈片一

致，他們更有可能在20分鐘後作選擇時選出正確的幻燈片。而如果之前被問到的問題具有誤導性，20分鐘後，當他們被要求選擇最準確的幻燈片時，學生們更有可能選擇錯誤的那套幻燈片。雖然這個實驗有些難以評估，但實驗結果仍然說明，有些人是通過事後提供的關於「停車」或「避讓」標誌的信息而記起的，而並非只是在給出研究者所期望的答案，像洛夫特斯的一些反對者所說的那樣——現在每個受試者都有兩個同樣合理的選項了。

對於警官、律師、法官及其他法律工作者所採用的審問技巧，這一類發現的意義十分重大。與此相反，另一些研究發現，在一些情況下，後續的相關信息本應該被整合進記憶的，卻沒有能恰當地整合進來。這方面的補充研究表明，雖然人們可能記得自己對之前錯誤的信息進行了修正，但他們卻可能繼續依賴那些不可信的信息——利雲度夫斯基(Lewandowsky)及其同事便在實驗室中觀察到了這一點。至於現實世界中有關這一現象的例子，只要想想以下情況：2003年美國入侵伊拉克，此後大約一年，在一次美國國內調查中，30%的受訪者依然認為在伊拉克發現了大規模殺傷性武器。2003年5月布殊總統宣佈對伊戰爭結束，幾個月後的調查中，20%的美國人認為伊拉克在戰場上使用了生化武器。可見，在一些情況下，記憶似乎會繼續保留錯誤信息，這一現象具有深刻的社會意義。

洛夫特斯及其同事確認了記憶的回溯性偏差，而利雲度夫斯基及其同事則發現正確的後續信息可能無法恰當地整合進現有的記憶。進一步探究什麼樣的環境條件會導致上述這兩種記憶偏差，這是未來研究的重要挑戰之一。

丹尼爾·沙克特提出的「記憶的七宗罪」

丹尼爾·沙克特在他的著作中提出，記憶故障可以被細分為七種基本的失誤或「罪過」：

分心：記憶與注意之間的交界處出現了故障。並非我們隨着時間流逝而遺忘了信息，而是一開始就沒有存儲這些信息，或者當我們需要這些信息時卻沒有進行檢索，因為我們的注意力集中在別處。

短暫性：隨着時間流逝，記憶衰退或消失了。我們雖然能記住今天做了什麼，但幾個月後我們很有可能由於記憶的消退而忘卻。

空白：我們拼命回憶某些信息，記憶的檢索卻凝滯了。「話到嘴邊卻說不出來」就是這類故障的一個例子。

錯認：搞錯了記憶的來源。你可能從電視上看到某條信息，之後錯誤地認為這條信息是同事告訴你的。

暗示：由於引導性問題、評論或提示而植入的記憶。在法庭語境下，暗示和錯認現象都會帶來嚴重的後果。

偏頗：當前的知識和信念對過往記憶的強大影響。為了遵循我們現在的觀點，或是為了保持自己的正面形象，我們會無意識地歪曲過往的經歷或信息。

糾纏：某些我們寧願忘卻的惱人信息或事件，卻時不時地出現在我們腦海中。這可能包括工作上的尷尬失誤，或者嚴重的創傷性經歷(例如在創傷後應激障礙中，我們往往持續不斷地回憶起創傷經歷)

第五章
記憶障礙

　　本章將探討記憶喪失或者說「失憶」的狀況，也就是記憶由於腦部的損傷而無法正常工作。本章的重點是被稱為「遺忘綜合徵」的記憶喪失狀況，我們將結合前面幾章中記憶的不同組成部分對此加以探討。我們會看到與長時記憶相關的一些隱喻，包括「印刷機」(用於創造新的長時記憶)和「圖書館」(用於存儲舊的、經過整理的長時記憶)之間寬泛的通用區分。通過研究腦部受傷導致記憶受損的個體，我們已經了解了許多關於記憶運作的知識。本章將對這些重要的發現進行概述，並會討論其他的臨床狀況和心理狀態如何對記憶產生影響。

記憶與大腦

　　到目前為止，我們主要探討了記憶的功能組件和過程，打個比方，這就是記憶的「軟件」。但我們也可以從另一個層面來思考記憶，從「硬件」的角度，看看生成記憶的中樞神經系統。在我們的大腦深處，記憶在大腦中一個叫作「海馬體」的部位進行分類或

整合。對於新的記憶，海馬體扮演了「印刷機」的角色。重要的記憶通過海馬體進行「印刷」，然後在大腦皮層中永久歸檔(就像書一樣)。大腦皮層是大腦的外層，數十億藤蔓般錯綜複雜的神經元通過電脈衝和化學物質來存儲信息。大腦皮層可以被看作「圖書館」，由海馬體「印刷」出的重要的長時記憶(「書」)都永久存放在大腦皮層。(經過較長時間後，

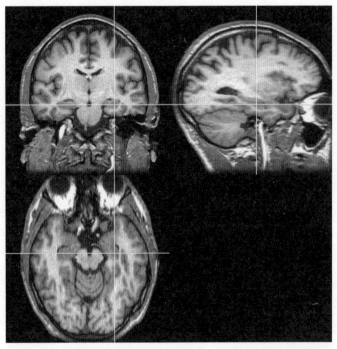

圖11　大腦中與記憶相關的最重要的結構之一就是海馬體(已在上面的大腦影像圖中用十字線標示出來)

海馬體究竟在多大程度上仍然參與提取這些記憶，這一點直到我寫這本書的時候仍然存在着爭議。）

大多數記憶研究的重點都放在過去經驗對於人們行為、語言、感受和想像的影響。但是同樣重要的是，考慮過去經歷如何反映在我們的大腦活動裏——尤其是在對記憶有負面影響的臨床狀況下。我們接下來會探討當大腦中支持記憶的「硬件」損壞時會發生什麼。

腦部損傷後的記憶喪失——「遺忘綜合徵」

遺忘綜合徵是最為純粹的記憶障礙的例子，這涉及某種特定的腦部損傷（通常涉及被稱為海馬體或間腦的大腦組成部分）。患有遺忘綜合徵的病人會表現出嚴重的順行性遺忘以及一定程度的逆行性遺忘：順行性遺忘是指對信息記憶的遺忘發生在導致記憶喪失的腦部損傷之後，而逆行性遺忘是指信息遺忘發生在損傷之前（參見圖12）。

以下是一個著名的遺忘症患者的自述。他在遭受某種特殊、少見的頭部損傷後呈現了失憶的症狀：

> 我正在書桌邊工作……我的室友走進來，把我掛在牆上的一把花劍取了下來。我猜他在我後面扮演風流劍客呢……我感覺背後被輕擊了一下……我轉過身……他正好在拿着劍往前刺。劍刺中了我的左鼻

孔，並且向上刺破了我腦部的篩狀板區域。

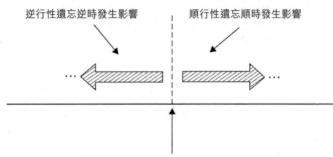

逆行性遺忘逆時發生影響　　　　順行性遺忘順時發生影響

脑部損傷或其他形式脑部傷害發生的時間

圖12　順行性遺忘是記憶障礙的一種形式，表現為無法記住損傷後發生的事件或信息。相反，逆行性遺忘這種記憶障礙形式讓人們無法記住損傷之前發生的信息或事件

　　以下這段有趣且富有啟發性的文字節選自病人與心理學家韋恩·威克格倫(Wickelegren)之間的對話。他們在美國麻省理工學院的一個房間裏見面。病人聽了威克格倫的名字，說道：

　　「威克格倫，這是德國名字？」
　　威克格倫：「不是。」
　　「愛爾蘭？」
　　「不是。」
　　「斯堪的納維亞？」
　　「是的，是斯堪的納維亞(Scandinavian)。」

之後和病人聊了五分鐘後，威克格倫離開了房間。又過了五分鐘，威克格倫回到房間裏，病人看著他就好像之前從未見過他一樣，於是兩個人重新相互認識。以下的對話接着發生了：

「威克格倫，這是德國名字？」
威克格倫：「不是。」
「愛爾蘭？」
「不是。」
「斯堪的納維亞？」
「是的，是斯堪的納維亞。」

從上段描述看來，病人的所有記憶類型並非都被損壞了，他仍然保留了語言知識。例如，他能理解對方說的話，他能夠說出合理的語言。那麼他至少保留了部分的語義記憶（參見第二章）。另外，他的工作記憶能力也保留了下來，足以讓他留意對話中所說的內容。病人具體缺乏的是經過較長時間後仍能留存信息的能力。換言之，他缺少將新信息轉化為長時記憶的能力。這是遺忘綜合徵最為核心的特徵。

一般而言，患有遺忘綜合徵的人仍然保留了智力、語言能力以及短時記憶廣度。但是他們的長時記憶被嚴重破壞了。這種破壞的性質引發了大量的爭論。有些研究者認為，遺忘綜合徵患者的情景記憶出

現了選擇性的丟失(情景記憶被定義為對經歷過的事件的記憶,參見第二章)。相反,另外一些研究者認為,典型的遺忘綜合徵體現了包括陳述性記憶在內的更大程度的缺損(陳述性記憶是指對事實、事件和論點的記憶,人們可以回想起並有意識地表達出這種記憶。它與第二章中討論的外顯記憶之間存在很大的重合)。而對於程序記憶或內隱記憶,遺忘綜合徵的影響不大,也就是說,病人仍然可以有效地習得新技能,例如耍雜技或騎摩托車。

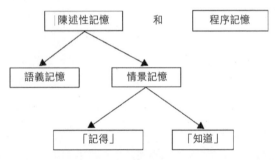

圖13 斯奎爾(Squire)提出了一個模型,將長時記憶分為陳述性(或外顯)記憶和程序(或內隱)記憶。遺忘綜合徵患者只有陳述性記憶受到了損傷

典型的遺忘綜合徵通常涉及海馬體以及與之緊密相關的大腦區域,例如間腦中的丘腦。看起來,海馬體和丘腦的損傷會阻止新的有意識記憶的形成。而當失憶症患者學習新的技能時,他們通常是在無意間學會的。有一位病人的海馬體在手術中被切除了,他在

努力了很多天之後，終於能夠解決一個叫作「鏡畫」測驗的智力題（參見圖14）。但是，每次當他被要求完成這個任務，他都否認曾經見過這個智力題。

這一點非常重要，尤其是考慮到腦部受損傷後，記憶的不同方面會發生分離或分裂。這一點對於思考記憶障礙患者的治療方法也可能有所幫助。它同時也告訴我們，在健康或未受損傷的大腦裏記憶是如何組織的。具體而言，肯尼思·克雷克（Kenneth Craik）曾提出一個著名的觀點：對於像大腦這樣的複雜系統，要了解其中不同系統之間的功能關係，我們在它運行異常時進行觀察，會比在它順利運行時進行觀察要有益得多。此外，正如我們從第二章中看到的，研究者們對健康個體以及腦部受到不同損傷的個體進行評估後，提出了記憶的幾種功能區分。針對健康個體以及腦損傷病人的研究，都為了解人類記憶的結構帶來了富於洞察力的發現。

與此相關的是，在過去，專家們曾傾向於把各種各樣的失憶症都歸為一大類，只要病人有某種可以識別的記憶功能障礙。但現在，顯而易見的是，不同類型的失憶症具有不同的特點，取決於大腦受損的具體部位。將來，針對各種與記憶相關的腦部障礙，我們需要開發出一套更為全面的分類法。

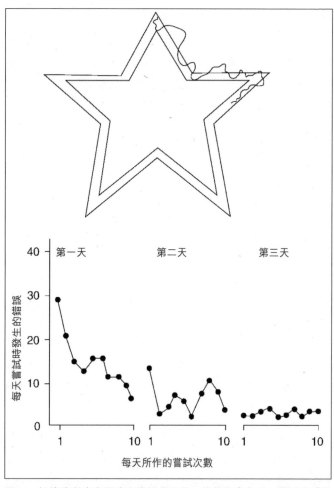

圖14　記憶障礙患者通常在嘗試幾天後，能夠學會完成一個叫作「鏡畫」的複雜任務。但是，每次被要求完成這一任務時，他們都會否認之前曾經完成過(在內隱記憶或程序記憶方面，患有失憶症的人通常表現得很正常，或者很接近正常)

關於記憶與大腦的推論

有關失憶症的研究近年來頗為重要，這主要體現在以下兩個方面：(1)通過這類研究可以區分一些特定類型的記憶過程；(2)將記憶障礙與特定的神經結構關聯起來，記憶障礙患者的這些神經結構通常都受到了損傷。此外，腦成像技術的發展——例如功能性磁共振成像以及正電子發射斷層掃描——使得我們能夠研究大腦完好的健康個體，考察他們在進行記憶時大腦中活躍的部位，由此得到了許多重要而一致的新信息。在研究其他一些臨床狀況時，腦成像技術也是非常有用的，這類臨床狀況涉及不同類型的記憶缺失，包括(但不局限於)抑鬱、中風、創傷後應激障礙、疲勞、精神分裂以及「似曾相識」的錯覺(參見第三章)。近來甚至有人提出了頗有爭議的建議，認為腦功能成像可以用來判斷嫌疑犯是否擁有與罪行相關的事件或地點「記憶」，從而斷定該嫌疑犯是否有罪。

但是，推斷並概括記憶和大腦是一件困難的事，因為記憶是一個複雜的過程，涉及認知方面的許多分支組件和過程(參閱本書的前幾章)，由一系列的大腦機制推動發生。也就是說，當某人進行記憶時，大腦的許多部分都是活躍的，這一點可從過去幾十年裏進行的腦成像研究中得到形象的說明。而以前的研究者們並未將這些大腦區域(例如位於眼睛後上方的前額皮質，與編碼和提取過程均密切相關)同記憶過程緊密關

聯起來。因此，想要找到具體和記憶相關的某些神經活動將是很困難的。儘管如此，大腦中仍有某一些部位是對記憶尤為重要的。

測試失憶

顳葉失憶患者(例如波士頓的HM，或者我們在澳洲的研究對象SJ)告訴了我們關於記憶的神經基礎的許多知識。具體而言，支撐長時記憶的重要元素看來是由大腦顳葉深處的海馬體提供的。為了治療頑固性癲癇，患者HM於1953年接受了手術，外科醫生切除了他左右大腦顳葉的內表面，包括部分海馬體、杏仁核和頂葉皮層。自從那時起，HM就幾乎沒再記住任何新的事物，雖然他似乎仍能記住手術之前的人生經歷。他的其他認知技能(例如智力、語言、短時記憶廣度)似乎並未受到影響。此外，正如我們之前提到的，遺忘綜合徵患者能夠學會新的動作技能——例如「鏡畫」(見圖14)——以及類似於完成圖畫所需的感知技能，儘管他們不記得曾經學過這些技能。

同HM這樣的患者進行一次典型的記憶測試面談，大致過程是這樣的：測試開始前，HM會進行自我介紹，並與神經心理學家交談幾分鐘，他們之前從未見過。神經心理學家詢問HM那天早上吃了什麼早餐，但他不記得。接下來，系統的記憶測試開始了。

神經心理學家從公文包裏取出一疊不同面孔的照片。他拿給HM，HM仔細地看過。但幾分鐘後，HM無法辨別哪些面容他看過，哪些他沒看過。相對於控制組的受試者的表現而言(這些受試者在年齡、性別和背景方面均與HM相似，但沒有遭受腦部損傷)，他在這個任務上的表現差很多。工作人員對HM大聲朗讀出一組單詞，並且要求他進行回憶，我們也得到了同樣的發現。神經心理學家隨後讓HM看了一幅初級素描畫，並問他是否能辨認出畫的是什麼。HM正確地辨認出這幅素描畫的是一把椅子。他也能在聽完六個數字組合後立即複述出來。神經心理學家接着離開了房間，HM在房間裏讀着雜誌等待他。20分鐘後，神經心理學家回來了，HM顯然沒有認出他來。HM站起來，再次禮貌地進行自我介紹。(我們從澳洲西部的患者SJ那裏也看到了類似的表現。)

　　HM和SJ都是尤為「純粹」的失憶症患者，也就是說，他們的記憶喪失具有高度選擇性。SJ的腦部損傷比HM更靠近海馬體，但是他們呈現出類似的臨床表現和測試結果。HM和SJ的短時記憶沒有受到損害，但是他們對日常事物的記憶受到了極大損害。研究者們最初認為，HM的腦部損傷讓他特別難以整合(也就是存儲)新的記憶，但是，如今研究者們已經發現，HM以及其他像SJ這樣的顳葉失憶症患者是能夠學習新技能並完成內隱記憶任務的，就像我們在上文提到

的那樣。因此，簡單的整合失敗並不能解釋這些個體的所有症狀。

不過，到底HM和SJ這樣的患者能提取出多少腦部受傷前的「舊」記憶，學界目前還存有爭議。在HM做完手術後50多年，關於HM為何會呈現如此嚴重的記憶喪失，神經心理學家們仍然無法達成一致。儘管如此，HM以及其他遺忘綜合徵患者的案例已經引發了研究者們對海馬體的關注，將其視為一個關鍵的記憶結構。這的確是至關重要的一步，使我們可以更多地了解支撐記憶的大腦「硬件」，並發展關於信息存儲的神經科學理論。

我們對人格、自我和身份的感知與我們的記憶緊密相聯，因此失憶具有深遠的哲學意義。而就實際層面而言，由於記憶在日常活動中是如此重要，失憶會讓人變得特別虛弱，對護理者也會造成極大的壓力。例如，患者記不住之前已經問過的問題，或已經要求護理者做過的事情，所以護理者會被反反復復問及同一個問題，被要求做同一件事，這是非常令人沮喪的。研究者們發現，有些記憶策略對腦部受傷後喪失記憶的患者是較為有效的，例如無錯誤學習方法(參見第七章)。一些外部的協助，例如個人備忘錄(提醒人們在特定時間做特定的事情)，也能對失憶狀況有所幫助。但是，記憶不像肌肉那樣可以通過重複鍛煉而得到改善。如果你背誦大量的莎士比亞作品段落，這並

不能改善你的總體記憶能力，除非你在背誦莎士比亞的過程中發明了一些可用於其他領域的記憶策略或方法(例如使用視覺想像，參見第七章)。

記憶障礙的評估

對記憶障礙患者進行一系列系統的評估，這對臨床實踐和研究都具有重要價值。記憶障礙有時會孤立發生，就像患者HM和SJ那樣，但這種情況其實極少發生。例如，更常見的一種記憶障礙表現是「科爾薩科夫綜合徵」，除了記憶之外其他的心理能力也會受影響。因此，對於出現記憶喪失的患者，建議同時評估其他的心智能力，例如感知、注意力、智力，還有語言和執行能力。

對於失憶症患者，心理學家通常首先採用韋氏記憶量表(WMS)(現在已是第三版)進行評估。其他的測試方法也是有效的，例如，也可以使用韋氏成人智力量表(現在也已有第三版)，並將測試表現與使用韋氏記憶量表得到的結果進行對比。如果兩者的測試分數存在實質性差異，則意味着失憶症患者存在某種特定的記憶障礙，而不是「智力」本身存在問題。

評估智力時，應當使用韋氏成人智力量表(或其他類似的測試)獲得現在的智力水平，同時還需要知道患病前的情況(使用患病前的智商水平)，以確定隨着時間推移，這一臨床障礙是否造成了患者智商下降。

韋氏記憶量表和韋氏成人智力量表都會定期更新，並根據正常健康人口進行標準化，市面上可買到的常用心理測試均是如此。因此，使用韋氏記憶量表第三版和韋氏成人智力量表第三版所得的結果，可以與普通人群的水平進行比

較。韋氏量表的設定是，普通人群得分的平均數為100，標準差為15。因此，如果某人使用韋氏成人智力量表第三版的測試得分為85，這意味着他的得分低於平均數一個標準差。

但是，韋氏記憶量表第三版所進行的記憶評估並不全面。可能的話，還應當使用其他記憶測試和認知能力測試對失憶情況進行評估，這包括對遠時記憶和自傳式記憶的測試。記憶臨床問卷也可以提供一些心理測試不一定能夠提供的重要信息，護理者以及患者自己的回答可以幫助我們深入理解患者日常所遭遇的困難。雖然記憶障礙患者也許不能完全準確地填寫問卷，但通過問卷方法，我們可以瞭解一下患者對自身記憶功能的感知程度。

對於失憶，我們概述如下：

- 失憶症患者不能在較長時間跨度內學習新的信息，但通常能夠背誦出他們工作記憶範圍內的信息；

- 失憶症患者可能較好地留存童年的記憶，但通常幾乎無法獲得新的記憶，例如剛剛見到的人的名字；

- 失憶症患者可能懂得如何看時間，卻無法記住現在是幾月份、哪一天或星期幾，他們也無法記住新家的佈局；

- 失憶症患者或許能學會打字這樣的新技能，但即使他們在行為上已經做到了這一點，下一次他們坐下來打字時仍然會否認自己曾經使用過鍵盤！

心因性失憶症

並非所有的記憶障礙都由疾病或損傷造成。「心因性失憶症」的患者通常存在着記憶功能障礙，卻不存在大腦的神經損傷。

例如，在一些情況下，人們會進入游離狀態 (dissociative state)，他們似乎與自己的記憶部分地或徹底地分離了。這通常是由某些具有暴力性質的事件所造成的，例如身體虐待或性虐待，或者目睹或實施了一次謀殺。神游狀態(fugue state)就是游離狀態的一種，在這種狀態下，一個人會忘記自己的身份以及與此相關的記憶。經歷神游狀態的個體並不會察覺發生了什麼問題，通常還會採納一個新的身份。只有當患者在幾天、幾個月甚至幾年後「蘇醒過來」，才會意識到自己之前的神游狀態。通常，他們會發現自己所在的地方已經距離原來居住的地方很遠了。英語中的「神游」這個詞，事實上是從拉丁語的「飛行」一詞中派生出來的。

另一種游離狀態是「多重人格障礙」，患者會出現多種不同的人格，分別掌控其過往生活的不同方面。例如20世紀70年代末臭名昭著的洛杉磯「山腰絞殺手」(Hillside Strangler)肯尼斯‧比安基(Kenneth Bianchi)，曾被指控強姦並謀殺了多名女性。但在面對指認他的強而有力的證據時，他仍然堅持否認自己的罪行，聲稱自己對這些罪行一無所知。然而在催眠狀

圖15　在神游狀態下，人們顯然忘記了自己的身份以及與其相關的記憶。這種狀況可能會由某個創傷事件引起，比如一次事故或犯罪。阿爾弗雷德·希區柯克(Alfred Hitchcock)所執導的電影《深閨疑雲》(Suspicion)就描繪了這樣的場景

態下，另一個稱為「史蒂夫」(Steve)的人格出現了。「史蒂夫」和「肯尼斯」截然不同，他聲稱這些謀殺是他幹的。當肯尼斯·比安基從催眠狀態中被喚醒，他對史蒂夫和催眠師之間的對話毫無記憶。如果同一個個體內能存在兩個或更多的人格，這顯然會製造嚴重的司法問題，究竟哪個人應該被定罪呢！然而在這個案子中法庭判定比安基有罪，因為法庭拒絕接受他的確擁有兩種不同人格的結論。

　　在庭審過程中，一些心理學家指出，比安基的其

他人格會在催眠對話中出現，是因為催眠者實際上已經暗示了比安基會顯露自己的另一面。催眠本身就是一個具有爭議的手段：它是否能真正地引發性質不同的意識狀態呢？此外，另一個具體問題在於：此次催眠產生的效果是否僅僅是由於催眠者給出了相應的指令呢？這與伊麗莎白·洛夫特斯的研究所遇到的情況很相似，她的研究結論，以及這些結論對目擊者證詞有效性的意義，都受到了一些質疑（參見第四章）。在比安基的情形中，催眠者可能暗示他還具有另一種人格，而比安基可能抓住了這個機會，通過這樣的方式承認罪行。另外，如果比安基對精神疾病有些一般性的認識，而他對此前報道過的多重人格案例有所了解，那麼這也可能是他在催眠狀態下如此應答的原因之一。

多重人格障礙的戲劇性引起了媒體的強烈興趣，一系列描述此類個案的暢銷書也湧現出來。《三面夏娃》（*The Three Faces of Eve*）以及《驚悚》（*Primal Fear*）是關於這一罕見障礙的兩部成功影片。較新的《驚悚》描述的是一個被控謀殺的人如何成功偽造了多重人格障礙，雖犯下罪行卻成功脫罪。

在日常生活中確實有人會「詐病」或偽裝失憶。如何測出這種偽裝，在法律和醫學語境下仍然是一個挑戰。詐病，或是「假裝情況不好」，是指某人有意識地讓自己的表現處於較低水平，而事實上，如果他

圖16 「多重人格障礙」是一個頗有爭議的話題，它是一種特定的游離狀態，患者會出現多種不同的人格，分別掌控其生活的不同方面。《化身博士》(Dr Jekyll and Mr Hyde)這本書中對這一症狀有較為誇張的描述

們全力以赴的話完全可以表現得更好。較少爭議的是，近年來這一現象被改稱為「呈現較低(或減少)努力」，這相對於「詐病」來說是更為客觀、不帶情緒的說法。呈現較低的努力可能是因為有意識的控制(例如，為了金錢，或者為了引起看護者的更多注意)，也有可能是出於更深層次的無意識動機。不管是什麼動機讓這些人「假裝情況不好」，幸運的是，相關的專業人士已經能用可靠的方法來加以辨別，究竟哪些個體存在着客觀的記憶障礙，哪些個體誇大了自己的病症。

第六章
七幕人生

記憶的發展

　　基於第一章所闡述的記憶編碼、存儲和提取三者的區分，記憶的發展可以定義為逐步發展出更為複雜的記憶編碼和提取策略的過程(在記憶發展過程中，記憶的存儲能力基本保持穩定)。當語義知識和語言能力更為豐滿時，這一過程就變得更顯著。例如有證據表明，隨着語義知識的增長，人們從永久記憶中提取信息的能力會增強。而當兒童具備了一定的語言能力後，他們就能用更豐富的言語標籤對材料進行編碼，並利用這些語義標籤作為提取時的線索。還有證據表明，各種認知能力的提升對於記憶容量存在着正面影響，例如，解決問題和假設檢驗的技能提升之後，人們能夠更好地提取記憶，並判斷提取出的信息是否真實。

　　有證據表明，外顯記憶的容量是逐步發展起來的。例如嬰兒就已具備一定的再認能力，可以辨認出照料者的面容。最基本的回憶能力在嬰兒五個月左右時就已出現。大量的證據說明，即使是語言學習期之前的幼兒，也已體現出持久而確切的記憶。研究者通

過不涉及語言的方法在這方面累積了大量的發現，例如通過對比、習慣化、條件作用和模仿的方式對嬰幼兒進行考察。研究者還從對非人靈長類動物的研究中借用、改良了一些方法，例如延遲反應任務、延遲非匹配樣本。羅伊·柯利爾(Rovee-Collier)等學者提出，幼兒和成年人記憶過程的基本機制是一致的：信息會被逐漸遺忘，經由提示可以恢復，與之前信息重合的新信息會對記憶進行修改。但是，當兒童逐漸成長，他們就能在更長的時間間隔以後、通過各種不同類型的提取線索來更快地提取信息。

關於內隱記憶(或者說無意識記憶，參見第二章)的研究表明，幼兒三歲的時候，內隱記憶就已發展完全了，比如他們已經可以進行感知學習、具有語言啟動效應。值得注意的是，在兒童成長過程中，這部分記憶並沒有表現出跳躍式的增長，這可能是因為承擔這部分記憶功能的大腦區域從進化上來說是較早被固定下來的。事實上，內隱記憶在幼兒期之後就幾乎不再發展了。與此不同的是，元記憶技能(對記憶過程本身的理解和管理)是逐步發展起來的，例如兒童會逐漸明白自己在什麼情形下記憶表現較好或較差，以及自己有多大可能記住特定的信息。研究也顯示，相對於更「核心」的記憶能力(編碼、存儲和提取)，元記憶能力的成熟相對較晚，這可能與大腦額葉的神經成熟相對較晚有關，要到青春期才逐漸發展成熟。從名稱

可以看出，額葉位於人類頭顱的前側。比起其他哺乳動物，人類的額葉顯得異常發達。我們稍後還會在本章中對大腦的這一部分進行深入討論，探討它在人類衰老過程中的意義。

我們還沒有能夠完全解開人類記憶的發展之謎。兒童的知識水平及其他的能力狀態(例如語言能力和視覺空間能力)都會對記憶產生影響，這點當然非常重要。但是大腦的神經成熟和其他生物因素可能也非常重要。關於兒童記憶的一個有趣現象至今仍然是頗為神秘的，這就是「嬰幼兒期記憶缺失」的發生：大多數人無法有效地記住自己四歲前的經歷。我們現在還不清楚這個現象是哪種原因引起的，是與生理發育過程相關，還是不同人生階段下心理狀態的改變所致？抑或是以上兩種原因的交織？有一種觀點認為，四歲之前的記憶可能仍然存在，但這種記憶具有特殊的神經形式和心理形式，這意味着個體無法從其中提取到任何特定的經驗。

瑞士著名的發展心理學家讓·皮亞傑(Jean Piaget)曾寫下一則趣事，充分體現了嬰幼兒期記憶缺失的特徵和童年記憶那引人入勝的品質。他寫道：「我最初的記憶，如果是真的話，該是在我兩歲的時候。直到現在我還能清晰地看見那個場景，那個我直到15歲都一直深信的場景：我坐在嬰兒車裏，保姆推着我走在香榭麗舍大道上，這時一個男人出現了，想要綁架

我。我被安全繩牢牢地綁着，我的保姆勇敢地試圖擋在我和歹徒之間，她身上多處被歹徒抓傷，我還依稀記得她臉上的抓痕。這時候人群擁了過來，一個穿着短斗篷、拿着白色警棍的警察出現並制服了歹徒。我仍然能記得這整件事情的經過，甚至記得這是發生在地鐵站邊上。在我15歲那年，我的父母親收到了一封來自這位保姆的信，信中說她皈依了救世軍。她在信中懺悔了自己做錯的事情，尤其還要歸還我父母為了感謝她救我而送她的那塊手錶。她說她編造了整個故事，偽造了抓傷的傷痕。我當時很年幼，我的父母相信了她的故事，而我只是從他們那裏聽到了整個故事，並將其轉化成了視覺記憶。」

就像皮亞傑的經歷一樣，年齡大些的孩子和成年人往往對早年的經歷有更為翔實的記憶，卻很難說出這些回憶片段的起源，這往往是由於兒童期的記憶語境比較不穩定。皮亞傑所謂的「回憶」其實是保姆口述的故事，他卻「還能清晰地看見那個場景」。在他的幼年期，他顯然並不知道保姆是這一視覺記憶的來源，而事實上什麼都沒有發生。此外，早期的記憶很難確認準確的來源，因為這些記憶被提取（並重新編碼）了太多次，無法可靠地與某個具體的時間或地點聯繫起來。我們之前探討過，在編碼和提取過程中，情境的轉換會對回憶效果產生影響（見第三章），而當成年人試圖提取童年時期編碼的記憶時，這一點體現得

尤其明顯。這些可能性並不相互排斥，卻很難通過系統、科學的方式研究清楚。

如我們在第四章中看到的，我們的記憶很容易發生扭曲。而這一點在我們回憶童年時體現得尤為明顯，因為我們無法明確記憶的來源和情境。這對我們考慮目擊者證詞的有效性也具有重要的意義。有很多證據顯示，對於他們自己生活中的重要事件，兒童有能力提供準確的目擊證詞；但是相關文獻同時也提出，和成年人一樣，兒童的記憶也很容易被錯誤信息所誤導，而且可能比成人更容易被誤導。

記憶與衰老

有一個問題與我們每個人都相關，那就是年齡增長後的記憶容量問題。每個人都經歷過記憶的丟失、減退和偏差。但對年長的人而言，這些現象更可能被自然而然地歸結為衰老的結果，而不是由於普通的個體差異。這個重要的歸納早在幾個世紀前就由著名的學者、智者及講故事者塞繆爾‧約翰遜(Samuel Johnson)提出了。他寫道：

> 大多數人都有一種奇怪的傾向，認為年長的人智力會衰退。假如一個中年人或青年人想不起他的帽子放在哪裏了，這沒什麼。但如果同樣的事情發生在年長的人身上，人們就會聳聳肩說，他已經開始健忘了。

大多數國家的人口平均年齡都在不斷增長，而且這一趨勢很有可能會延續下去，因此我們很有必要了解衰老對記憶力的影響，這種影響（如果確實有的話）是否在科學上得到了證實。在這一領域內，有一些重要的方法論問題需要事先考慮到。例如，如果現在將20歲年齡組和70歲年齡組進行對比，除了年齡的差異，還有很多其他因素可以解釋這兩組個體之間記憶力表現的差異。就其曾經接受的教育和醫療質量而言，70歲年齡組明顯不如20歲年齡組。如果我們要對

圖17　年齡大些的孩子和成年人往往對早年的經歷有更為翔實的記憶，卻很難說出這些回憶片段的起源，這往往是由於兒童期的記憶語境比較不穩定。皮亞傑顯然能「記得」他坐在嬰兒車裏，在香榭麗舍大道上遭到了突然的綁架襲擊，即使他現在知道，這一切實際上從未發生

比20歲年齡組和70歲年齡組的記憶容量，這些外部的干擾因素會影響我們對兩個年齡組記憶力差別的研究。

對比20歲年齡組和70歲年齡組的記憶力，這是橫斷實驗設計的一例。與之對應的是縱向研究，這種研究方法針對的是同一人群，縱貫他們從20歲到70歲的生命期，跟蹤觀察這同一群人隨年齡增長呈現出的記憶能力改變。縱向研究的優勢是，我們是針對同一群人來研究他們的記憶能力如何變化。但值得注意的是，縱向研究的對象中往往會存在高於正常比例的「高功能」人群，也就是那些記憶留存能力及其他感知能力都更為優秀的個體，這些人有時也被稱為超常參照體或超常個體。換言之，在縱向研究中常有可能發生的是，在研究中受到正向鼓勵的個體（因為他們保留了較好的能力）往往繼續參與研究，而表現不好的個體會退出研究，這就可能使研究者過於樂觀地評估衰老對記憶的影響。另一個問題是，要去找一群願意連續50年參加縱向研究的人實在是太難了！總而言之，橫斷研究和縱向研究都各有利弊。

如果我們綜合考慮橫斷研究和縱向研究的結果，就可以得到一些關於衰老和記憶的一致結論。值得注意的是，兒童和老年人在記憶容量方面的表現有許多類似之處。

短時記憶在年長的個體身上仍是相當穩定的，但

是需要工作記憶參與的任務通常會受到年齡增長所帶來的負面影響（關於短時記憶和工作記憶的區別，請參看第二章）。因此，當需要使用認知能力時（有別於被動存儲信息的短時記憶），年齡增長所帶來的記憶缺陷就會變得更明顯。例如，當人們反過來背誦一串數字時，會比按原順序背誦數字時更多地體現出年齡的負面影響。

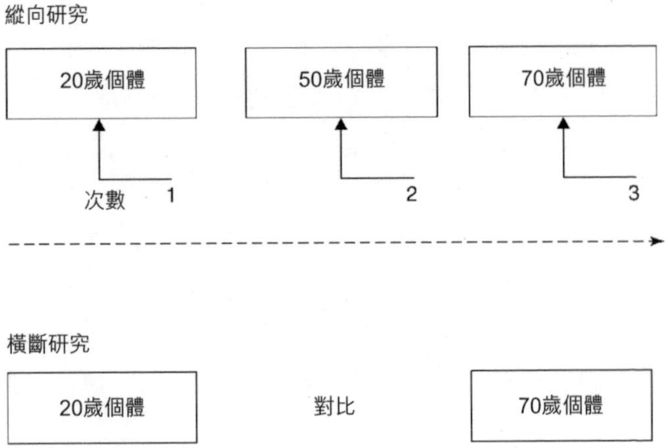

縱向研究

| 20歲個體 | 50歲個體 | 70歲個體 |

次數　　1　　　　　　　2　　　　　　　3

橫斷研究

| 20歲個體 | 對比 | 70歲個體 |

圖18　在縱向研究中，我們會持續研究同一群人，縱貫他們20歲到70歲的生命期。而將現在20歲的人群與現在70歲的人群進行對比，則是橫斷研究的一例。兩種研究方法各有利弊

隨着個體的衰老，外顯長時記憶（即被明確意識到的記憶經歷，參見第二章）任務的表現通常下降得非常明顯。隨着年齡的增長，雖然再認的表現仍能保持良

好，但自由回憶的表現下降得很明顯。不過，當有關熟悉度的因素參與進來，再認能力也會隨情況而發生質的改變。所以，當再認需要用到情境記憶(即再認記憶中更具追憶性質的那部分，見第三章)，記憶的缺陷就會伴隨衰老而出現。這或許意味着年長的人與幼兒類似，更容易受到暗示和偏見的影響。這在現實生活中可能會帶來嚴重的後果，例如當年長的人基於以往的記憶去作有關金融財產的重要決定時。

至於內隱記憶(即無意識的記憶，無法直接回憶出記憶經過，通常需要通過衡量行為的改變來對此進行間接測量)，隨年齡增長的退化並不顯著。例如，希爾(Hill)在1957年所進行的打字實驗就支持了這一結論。這個研究很有趣，希爾在30歲時學習打字，錄入了一段文字，後來在55歲和80歲時就此對自己再次進行了測試！所以，內隱記憶不僅在兒童期成熟比較早，而且隨着年齡的增長也相對保持得較好。

年齡的增長對語義記憶的影響不大。事實上，語義記憶似乎還會隨着年齡的增長而進一步提升。人們的詞彙量和知識積累通常伴隨着年齡的增長而增加，儘管他們可能會在提取相關信息時遇到更多的問題，例如我們前面章節中探討過的「話到嘴邊說不出來」。有學者提出，語義記憶中的信息隨着年齡增長而不斷累積，這可以解釋為什麼那些對語義知識要求較高的職務通常都由年長的人來擔任，例如高等法院

的法官、小説家、公司的董事長、軍隊的司令、教授、將軍等。

　　有證據表明，主導記憶策略和組織的額葉的退化，或許是與年齡相關的記憶退化的原因之一。在本章上文中我們説過，人類的額葉相比於其他物種顯得異常發達。我們已經注意到，兒童元記憶(即意識到自己記憶力的能力)的發展似乎也和額葉的成熟相關，同樣也有證據顯示，與年齡相關的元記憶障礙與額葉功能的衰退有關。前瞻記憶，也就是記得未來要處理的事件的能力，是另一種和額葉功能相關的記憶，證據

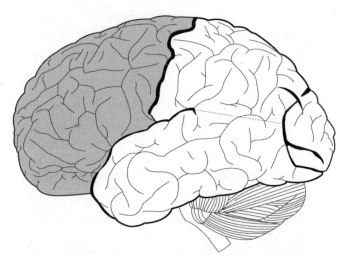

圖19　有證據顯示，額葉(人類的額葉比起其他的哺乳動物顯得異常發達，圖中左側的灰色陰影區域即為額葉)的成熟相對較晚，衰退相對較早，這對人類記憶的形成和組織產生了影響

顯示這一記憶能力會受到年齡增長的負面影響。歸結起來，額葉在幼年期成熟得相對較晚，但隨着年齡增長又衰退得較早。與此一致的是，兒童和老年人都容易出現與額葉相關的記憶障礙。

另外一些證據表明，與年齡相關的記憶容量減少，也與年老後認知處理的速度下降有關。還有學者提出，與年齡相關的記憶力減退也是由於年老後壓抑減少、注意力不足，並且缺少來自記憶情境和周圍環境的支持。這些有關衰老的「額葉假說」各自都存在着局限，但它們都引出了很有趣的研究課題。

吸引了許多研究者興趣的問題之一是：正常衰老所導致的記憶障礙，是否預示着未來腦力的下降？介於正常衰老和臨床痴呆之間的中間狀態被稱為「輕度認知障礙」。輕度認知障礙可能僅僅與記憶相關，有可能與多個認知領域相關。大部分被確診的患者似乎都在幾年內進展為全面的痴呆，但有一些患者則不然。由於現在許多國家都將人口老齡化視作一枚「人口定時炸彈」，因此相關研究得到了大量的投入，人們希望找到從輕度認知障礙發展至痴呆的決定因素。例如，最近一些研究結果顯示，運動和健康飲食（尤其是飽和脂肪酸含量少、抗氧化物含量多的飲食）不僅有利於身體健康，也有助於老年人保持大腦的正常運作。

除此之外，腦力訓練（例如填字謎、下象棋，或者

學習些新知識，比如關於信息技術的知識)也有助於維持神經功能和心理功能。研究顯示，在人的一生中，大腦都保持着一定程度的生長和修復能力，這種能力可以通過腦力活動和訓練而激發。就構建老年人的理想生活環境而言，這是尤其重要的一個考慮因素。例如有的老人由於身體虛弱或認知困難需要長期居住在養老院，但他們同樣也需要參與適當的腦力活動和訓練。海馬體是大腦中重點參與記憶整合的部分，它對於情景記憶的整合尤其重要(參見第二章和第五章)，而海馬體對腦力訓練尤其敏感，在腦力刺激和鍛煉之後更易於出現神經元再生和連接性增強的現象。

對與年齡相關的臨床障礙而言，記憶障礙通常是痴呆的前兆。情景記憶與海馬體功能的障礙，是最常見的老年痴呆症——阿茲海默症——的前兆。在病症的早期，情景記憶障礙可能單獨出現，但在痴呆症後期，許多其他的認知能力，例如語言、感知、執行能力等等都會受到影響。還有學者提出，工作記憶的中央執行系統(參見第二章)會受到阿茲海默症的不同程度的影響。與選擇性失憶的患者不同，阿茲海默症患者在內隱記憶和外顯記憶測試中都體現出功能損傷，在病症後期尤為明顯，這表明這一災難性的疾病造成了進展性的大腦損傷。另一種神經組織退化性疾病被稱作「語義痴呆」，與阿茲海默症不同，語義痴呆的主要表現是語義記憶(參見第三章)的深度損壞，這會

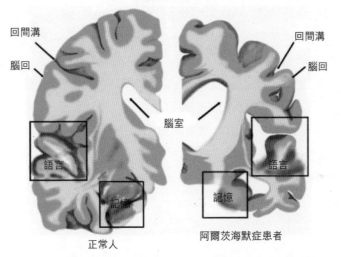

腦部橫切面

回間溝

腦回

腦室

語言

記憶

正常人

回間溝

腦回

語言

記憶

阿爾茨海默症患者

圖20　這張圖顯示了阿茲海默症患者萎縮了的腦部(右側)，與健康老年人的腦部(左側)形成對比。服務於情景記憶的腦部區域在這一疾病早期就會受到影響

導致患者甚至無法識別原本熟悉的事物，比如茶杯、盤子、汽車。

目前，治療阿茲海默症的藥物只能對表面症狀(例如神經傳導的減少)起作用，而無法消除根本的病因。對於阿茲海默症這樣的神經組織退化疾病，目前的治療手段也無法阻止它們的不斷惡化。未來，這有望通過幹細胞治療和腦修復術得到解決。此外，認知功能康復技術能夠最大限度地利用神經元退化疾病患者的

現有記憶容量，這有助於提升患者的自信、情緒狀態以及身體功能(參見第七章)。

隨着越來越多檢測和治療方法的出現，專家們也更加努力地研究用於評估記憶和認知功能的手段，希望這些手段能有針對性地適用於輕度認知障礙和痴呆症。如果認知功能的衰退可以被及早發現，我們就更有可能展開有效的治療，阻止病症的進一步惡化。

第七章
增強記憶力

　　坊間有許多研討會、課程和書籍都宣稱可以大幅提升我們的記憶力。本章將考察這一既定目標，並探討增強記憶力的方法背後的科學證據，看看這些方法究竟能否改善記憶功能。我們會重點討論可以增強記憶的「軟件」效率的記憶術等技巧，但同時也會提到未來可能對記憶「硬件」進行的改造。未來或許可以通過藥物、輔助設備或神經元植入術來治療腦損傷引起的記憶障礙。本章也會討論一下記憶行家(即那些擁有非凡記憶力的人)，尤其是一個叫「S」的人的故事。人們可能都希望自己擁有「完美的記憶力」，但S的故事告訴我們，遺忘也有它獨特的好處。

我們可以增強自己的記憶力嗎？

「硬件」

　　目前，我們還沒有確切的方法可以改進決定我們記憶能力的生理構造，至少就記憶涉及的生物「硬件」而言，我們是無法改變的。用科學語言來説，目

前沒有可靠的方法可以系統地改善支撐記憶功能的神經系統。不過，對神經系統造成損傷倒是相對容易的事，腦部受傷、酒精，以及其他種種生理傷害或藥物濫用，都足以做到這一點。

有證據顯示，一些物質(例如尼古丁、咖啡因這樣的刺激物)可以通過提高注意力(從而優化對材料的編碼)來提升記憶力。但是，這些刺激物的作用往往只能在我們疲倦的時候才能被觀察到，這時如果不使用這些刺激物，我們的認知系統就會很倦怠，從而功能減退。不過，如果這些刺激物讓我們過於興奮，也會產生反面效果。我們也常常聽聞一些「聰明藥」以及其他神經化學藥物，據說它們可以改善支撐記憶的神經部件。這些藥物一般是通過加強腦細胞之間的神經傳導和溝通來發揮作用的。但是，同樣地，這些物質只能針對大腦損傷或疾病(例如痴呆症)造成的記憶障礙發揮作用。對健康個體而言，他們的大腦基本上已經是以最優狀態運行的了，使用這些藥物並不能讓腦細胞「超常發揮」。一個粗淺的類比就是，如果你汽車的機油箱裏已經有足夠的存油去潤滑引擎，那麼，增加更多的油並不能提升引擎的功效以及動力的傳導。

未來我們或許可以通過以下方式來改善支撐記憶的「神經硬件」：基因或神經改造，或者移植技術；碳基和矽基成分的相互聯結。以上兩種方式中，前者普遍被認為可以提升大腦的基質，而後者涉及人工假

體設備的使用。這兩種措施都已在實驗室中進行過動物實驗，但依然存在很多爭議。因此目前為止，我們還是只能依靠自己大腦中已有的神經硬件，同時盡量確保在這些系統上運行的軟件在以最佳狀態工作。那我們如何才能做到這一點呢？

「軟件」

有哪些「秘訣」能使我們擁有更好的記憶力？

當艾賓浩斯在記憶無意義音節時，他發現，嘗試記憶的次數和留存的信息量之間存在明顯的關聯（參見第一章）。艾賓浩斯得出結論，學習時間與記住的信息數量成正比。在其他條件相同的情況下，如果你花兩倍的時間，就可以記住兩倍的信息。這就是所謂的總時間假說，在研究人類學習過程的文獻中，這是一對基本的關係。但是我們也已看到，不同的記憶編碼方式會導致不同的記憶表現（參見第二章）。在第一章中我們還看到，艾賓浩斯的記憶方法在某種程度上有些虛假。因此，儘管練習時間和被記住的信息量之間存在一定的關係，一定還有其他的方法可以使我們付出的學習時間得到更好的回報。

- 分散練習效應告訴我們，將學習時間分散在一段時間內比較好，而不要在某一時間內集中突擊，其中的主要原則就是「少吃多餐」。所以考試前

的臨時突擊不能取代平時扎實、持久的複習。

- 與此相關的是，無錯誤學習也是一種靈活的學習策略，即在學習新信息後，間隔一段時間進行測試，當這個信息被有效習得，便可以逐漸延長間隔時間。這裏的主要目的是，在信息能被有效習得的前提下，給予每個學習目標盡量長的時間間隔。作為一種學習技巧，無錯誤學習是很有效的。無錯誤學習的另一個附帶好處在於能保持學習者的積極性，因為記憶發生錯誤的機率保持在較低水平。

- 如果你是自己記住某事（例如記住一個單詞的拼寫）的，這會加強記憶。

- 集中注意力是有效的學習途徑。維多利亞時期的教育家非常強調重複練習或死記硬背的學習方式，但重複並不能保證學習者將注意力集中在學習材料上。在本書的開頭部分我們就已經看到了，如果沒有積極關注，信息往往不能轉化為長時記憶。

- 使用聲音和視覺對信息進行編碼（例如為語言內容創造出視覺形象），或者創造「思維導圖」，是很有效的學習技巧。（托尼·布贊 Tony Buzan已經創作了數本關於「思維導圖」的書籍和其他作品）使用其他的記憶技巧也能有效提升記憶（見本章後文）。

- 我們處理信息的方式也非常重要。對於需要記憶的信息，人們會自然而然地尋求其中包含的意義。如果信息本身缺乏意義，人們就會給資料賦予一定的意義(參見第一章中我們所探討的，巴特利特的《鬼的戰爭》故事)。根據這一現象，一個通用原則是在可用的時間內，盡可能地把新的資料與你自己、你所處的環境詳細而具體地聯繫在一起。要盡量去理解所學的信息，而不是被動地學習信息，這樣做通常會改善記憶。(我們對信息加以處理，通常會使這些信息與我們的一般性知識發生聯繫，從而使信息得到更為豐富的語義編碼，最終提升此後的記憶表現。)

- 學習動力是另一個重要因素，雖然其效果並非那麼直接(比如，如果某人很有學習動力，這會導致他在學習資料上花費更多的時間，從而也就學得更多)。

- 注意力、興趣、動機、精通程度和記憶之間存在着複雜的互相強化關係。你在某一領域的知識越多，你就會對該領域更感興趣，於是你具有的知識和興趣就會互相促進，幫助你更好地記憶與該領域相關的資料。例如，有記憶研究者發現，當他越來越容易獲得和保留這一領域的新成果時，他也就變得越發專業！同樣的原

則也適用於其他行業。例如，銷售經理基於自己幾十年來掌握的產品知識，能夠更快吸收關於新產品的知識。

總之，提高記憶表現需要勤勉、主動和堅持。當然，還有一些可靠的技巧能夠幫助我們。另外，我們所記住的內容也部分取決於我們在進行記憶時是如何思考、感受和行動的(參見第三章所提到的有賴於狀態的記憶)。了解這些，可以讓我們制定特定的記憶策略，從而調整我們記住的內容。

接下來我們將具體討論一些對信息的記憶有顯著影響的因素。

複述

兒童經常採用的一種記憶策略是「在頭腦裏」不斷地重複記憶材料。這樣單純地重複信息而不思索其意義和內在關聯，只能幫助我們將信息保存幾秒鐘，就長期目標而言往往是很差的學習方法(參見第二章)。

例如，克雷克(Craik)和沃特金斯(Watkins)要求受試者學習一組單詞。在其中一個實驗條件下，受試者回憶前的一段時間內，他們鼓勵受試者不斷重複列表末尾的一些詞彙。然後記憶測試立刻開始。測試中，受試者能夠很好地回憶出那些被重複的詞語。在實驗的結尾，研究者再次測試了所有不同的詞彙表。在最

後一次測試中，那些被重複誦讀過的詞彙(同時也是在即時測試中記得最牢的詞彙)比起其他詞彙來，並沒有被更好地記住。這種複述被稱為維持性複述。這種複述顯然對於維持短時記憶很有效，卻沒有改善長時記憶。

與維持性複述相對，克雷克和沃特金斯研究中的部分受試者進行了精細複述。不同於被動地重複信息以保持其可用性，受試者在進行精細複述時會考慮信息的意義，而且信息的意義會被詳細地加以闡述。雖然這兩種複述都能在短期內留存信息，但對比一段時間後的回憶效果，精細複述比維持性複述更佳。看來精細複述能重新對信息加以編碼，從而更好地存儲信息(請參考第二章提到的「記憶處理層次」模型)。

擴展型提取

無論我們採用哪種複述方法，都可以通過有一定時間間隔的提取練習來幫助記憶，也就是說，在一定時間間隔後嘗試提取信息。這一方法也常稱為擴展型複述或間隔型提取。通過優化使用腦力，這種方法可以將學習成果最大化。其基本原理是，當信息即將被遺忘時便嘗試提取，這能夠最有效地加強記憶。其中的最佳時間點當然比較難以捕捉，因此需要合理的估計。這種學習方法應該如何與無錯誤記憶練習相結合，是一個有趣的議題，我們稍後將在本章中繼續探討。

間隔型提取最重要的原則就是：當我們第一次習

得某信息，對它的記憶是相對脆弱的。如果在間隔一段時間後，我們能成功回憶起這個信息，那麼之後就更有可能再次回憶起來。這樣我們就可以延長下次提取前的時間間隔。如果每次的記憶提取都成功，後續嘗試之間的間隔就可繼續延長，這樣並不會影響信息的提取。

蘭德(Landauer)和比約克(Bjork)的實驗證實了擴展型提取練習的有效性。研究者將一組虛構的人物全名唸給受試者聽，之後要求受試者根據名字說出姓。這個實驗考查了許多不同情境下的記憶表現，其中就包括擴展型提取。起初受試者進行記憶測試的時間間隔較短，之後間隔逐漸延長。在擴展型提取測試中，第一次測試(例如「傑克·戴維斯」這個名字)是在研究者讀出全名後便立即開始，第二次測試在間隔三個干擾項後進行(例如，傑克·戴維斯、吉姆·泰勒、鮑勃·庫佩、約翰·阿諾德，然後再測試：傑克什麼？)，第三次測試與第二次測試之間又間隔十個名字。蘭德和比約克發現，相對於沒有進行間隔練習的對照組，任何形式的間隔練習都有正面效果，但他們觀察到，其中幫助最大的還是這種擴展型提取練習，所得到的有效回憶成績是對照組的兩倍。

擴展型提取練習對學生而言是極好的策略。它不需要過多的努力和創造性，而且幾乎可以運用於所有的材料。

間隔學習的益處

　　另一個相關的概念是間隔學習。在學習新知識的時候，我們往往容易密集地投入，但這種策略已被反復證明是錯誤的。艾賓浩斯(見第一章)在研究中也觀察到了間隔學習的益處，他發現，如果將無意義音節學習過程擴展到三天，回憶這些無意義音節組所花費的時間大約能減半。事實上，將資料分為兩個有間隔的環節分別進行學習，相對於兩個集中的無間隔學習環節，記憶效果會翻倍。

　　巴瑞克(Bahrick)和費爾普斯(Phelps)展示了間隔學習效果的穩定性。他們讓受試者學習兩次西班牙語詞彙，並在八年後進行測試，對比其記憶表現。第一組受試者的兩次學習間隔30天，第二組受試者的兩次學習發生在同一天。八年後，前者比後者的記憶水平高出250%！

意義與記憶

　　意義對記憶有着深刻的影響，正如我們在第一章及別處所看到的那樣。艾賓浩斯曾說，如果真的要了解記憶背後的原理，他便需要記憶那些簡單、系統地構建成型的信息，並對記憶過程進行考察。儘管艾賓浩斯花了相當的精力去研究對無意義音節的記憶，他的確已經認識到，對信息的學習和記憶過程是受到意義影響的。

正如我們在第一章中所看到的，艾賓浩斯將「輔音—元音—輔音」三個字母串在一起，生成了一個個音節。其中一些字母組合形成了很短的單詞，或是有意義的詞根，但大部分這樣的字母組合是無意義的音節。艾賓浩斯列出了一些音節組，按照順序進行記憶，通常他需要進行很多次嘗試才能正確地記住。但是，對比無意義音節的緩慢記憶，他對一些有意義的材料(例如詩歌)的記憶就會迅速很多。

最近鮑爾及其同事們關於對塗鴉(簡單線條組成的無意義繪畫)的記憶的研究，也驗證了意義對記憶的作用。受試者中，有一部分人會被告知圖片的意義(例如，一個騎着摩托車的大象)。實驗結果顯示，被告知圖片意義的受試者在根據記憶重新畫出塗鴉時，結果的正確率(70%)要遠遠高於那些不知曉圖片意義的受試者(51%)。

外部輔助

如今我們擁有越來越多的外部輔助手段來幫助我們記憶，例如電腦、掌上電腦、手機、錄音機、日記、備忘錄、公司報告、演講提示等等。最早的記憶輔助手段或許是在手帕上打結，這雖然沒有告訴我們任何確切的信息，卻提醒我們需要搜索記憶，從而回憶出某個重要信息。

21世紀的外部記憶輔助工具已經相當高端，能非

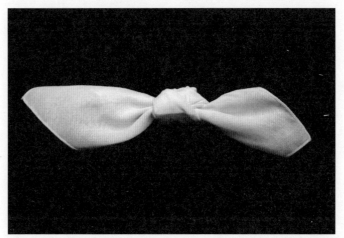

圖21　最早的記憶輔助手段或許是在手帕上打結，這雖然沒有告訴我們任何確切的信息，卻提醒我們需要搜索記憶，從而回憶出某個重要信息

常有效地幫助記憶，除非我們手邊沒有或者不得攜帶這些工具(例如在一些學校裏，或考試中)。如果我們希望不借助這些人工的外部輔助而真正提升自己的記憶力，除了運用本章所傳授的記憶方法，我們就需要以那些「記憶力超群」的人為榜樣了，他們往往會使用特定的「記憶術」。

記憶術

　　記憶術就是用特定的方法組織信息，從而使其易於記憶，其方法往往包括使用代碼、視覺想像或是韻律，有時候採用多種方法的綜合。兩種較為成熟的記憶術是「軌跡記憶法」和「關鍵詞記憶法」。

軌跡記憶法

軌跡記憶法是最為久遠的記憶術，從古典時期一直傳授到今天。這個技巧需要記住一系列熟悉而不雷同的地點或位置——學生可以利用學校或大學周邊的建築來記憶。第一個需要記憶的項目被設想為第一個位置（即形成一個內心圖像），第二個項目被設想為第二個位置，以此類推。後續的信息回憶就是在腦海中重新回想這些地點，並重新經歷之前所創造的內心圖像。研究表明，這一技巧非常有效，但是它的使用存在局限：往往沒有合適的地點和材料供人們創建內心圖像。

這一記憶術的起源普遍被認為是這樣的：公元前500年，希臘詩人西蒙尼戴斯參加了某次慶典活動。他在發表了一個演講後不久就離開了，沒想到這對他而言算是意外的好運，因為他走後不久，宴會大廳發生了坍塌，有不少客人死亡或受傷。慘劇發生後，很多屍體據說已無法辨認，這讓已故者的親人無法認領屍體，也無法為他們安排一個像樣的葬禮。但西蒙尼戴斯（Simonides）發現，他能記得自己離開宴會廳時大部分來賓就坐的位置，從而對遺體的辨認提供了很大的幫助。

據說，基於這次經歷，西蒙尼戴斯便發明了這個記憶方法。這種記憶術需要充分想像整個房間或建築的細節，然後將需要記憶的對象或信息在想像中放置

圖22 軌跡記憶法是一種記憶術，起源於古希臘。這個方法需要充分想像整個房間或建築的細節，然後將需要記憶的物品或信息在想像中放置到特定的位置上

到特定的位置。當西蒙尼戴斯需要回憶這些信息時，他會想像自己走過這個房間或建築物，並「拾起」這些對象，即收集這些具體信息。西塞羅(Cicero)等古典演說家在需要為他的公開演說背誦大段文字時，也經常使用這一記憶術。直到現在這個方法還在廣泛使用，例如，當我們在婚禮上致辭，往往需要以某個特定順序記住一系列的項目。這一方法對於具體的詞語似乎尤為有效，例如可被「放置」在某個地方的一系列物品的名稱。當然它也可以用於記憶抽象詞，例如「真理」「希望」等等，只要人們能找到代表這些概念的形象，並將其放置於合適的位置。

關鍵詞記憶法

後來，軌跡記憶法繼續發展為一種更為靈活的、通過諧音來構建的關鍵詞記憶體系。比如：「1是姨，2是兒，3是生，4是絲，5是我，6是路，7是妻，8是拜，9是酒，10是石。」假設你需要記住一張購物清單，其中第一項是「生日卡」，那麼你可以使用關鍵詞記憶法將它與「1」和「姨」相關的圖像聯繫起來。你或許可以想像你姨媽收到一張生日卡的樣子。如果清單上第二項是「橘子汁」，你可以想像鄰居的兒子將橘子汁倒進鞋子裏。通常，你腦中想像的情景越是奇特，這種記憶術就越有效。而且，如果你需要以特定的序列記憶事物(比如一條路線上經過的一系列街道

名稱），這種方法的效果會尤為顯著。

同軌跡記憶法一樣，關鍵詞記憶法也適用於大量材料，使用者只需將序列中的每個條目與對應的關鍵詞配對，建立起有感染力的、難忘的聯繫即可。關鍵詞記憶法相對於軌跡記憶法而言，可以更為靈活地使用圖像記憶，而且效果也非常顯著。的確，許多專業的記憶提升方法都是以關鍵詞記憶法為基礎的。關鍵詞提供了易於檢索的記憶提示，而圖像的使用能為記憶提示與記憶內容建立起牢固的視覺空間聯繫。

在這一方法中，容易在腦中形成圖像的關鍵詞代替了軌跡記憶法中的特定地點。儘管這一技巧仍然基於視覺想像，但通過關鍵詞記憶法，我們可以記住分別代表1到100這些數字的100個單詞。這一方法的設計原理使得關鍵詞本身非常容易掌握，因為它們遵循的是極其簡約的諧音規則，並由此與對應的數字緊密聯繫起來。

以關鍵詞記憶術為基礎，還發展出了其他圖像記憶術。例如，莫里斯（Morris）、瓊斯（Jones）與漢普森（Hampson）對很多記憶專家所推崇的一種記憶術進行了評估。在這種方法中，如果要記住某個姓名，首先要將其轉化為某種便於進行想像的關鍵詞。比如，戈登（Gordon）這個名字就可以轉化為花園（garden），你可以想像戈登臉上突出的部位上有一座花園，由此建立起關鍵詞（花園）與記憶內容（戈登）間的聯繫。通過

這一方法，當你看到戈登的面孔，「花園」這個關鍵詞就能被破譯為與之相似的戈登名字的發音，使你能立刻說出這個名字。經莫里斯、瓊斯與漢普森統計，這一記憶術令使用者在記憶人名時的表現有了約80%的進步。

類似的方法也被擴展到語言學習之中，例如鏈接詞體系（由格倫伯格Gruneberg加以大力發展）。在這一方法中，外語詞彙被轉化為發音相似、易於視覺化的母語詞彙，繼而形成一幅有感染力的內心圖像，這一圖像則與外語詞彙本身的意義建立起聯繫。舉例而言，法語的「兔子」一詞是「lapin」，為了記住這個詞，母語是英語的人便可以想像：一隻兔子坐在某人的膝蓋(lap)上。

在最近的一部著作中，懷爾丁(Wilding)和瓦倫丁(Valentine)描述了對許多記憶能人和記憶專家的研究，這些人中有許多都發現心理圖像對他們而言是非常有價值的記憶提升方法。心理圖像對於提升記憶來說並不是必需的，但它代表了一種很強大的方法，可以為表面看上去沒有意義或沒有關聯的材料賦予意義、建立關聯，從而使其易於記憶。

言語記憶法

儘管經典的記憶法主要依賴於視覺想像（軌跡記憶法就是如此），但後來言語記憶法也得到了發展。

比如説，要把清單上的詞語都記住，一個簡單方法就是編一個故事把它們串起來。研究表明，如果要求人們編故事把一些詞語串起來，這將極大改善之後對這些詞語的記憶。另外，許多學生都很熟悉「一個月30天，九月、四月、六月、十一月……」(30 days hath September, April, June and November...)這樣的打油詩。打油詩的節奏和韻律結構能夠有效地幫助回憶。

言語記憶法大致可分為兩大類：削減代碼法與細化代碼法。削減法會減少內容的信息量，比如説，為了記住三角函數的名稱和規則，我父親在上學時被教會了一個無意義單詞「SOHCAHTOA」。而細化法會增加信息量，或者將原先的內容重組，使其更有意義。例如，為了記住同樣的三角函數，我上學的時候老師教的是「Some Old Horses Chew Apples Heartily Throughout Old Age」。細化法的另一個例子是首字母記憶術中的名句「Richard Of York Gave Battle In Vain」，這句話中每個單詞的首字母對應了彩虹七色的每個詞(Red, Orange, Yellow, Green, Blue, Indigo, Violet)的首字母，從而讓我們能記住這七種顏色。

不論是削減法還是細化法，其編碼原則都是將原有內容變得更簡單、更好記，因為重新編碼後的信息對使用者來說通常是比原先的內容更有意義的。這類技巧也被用於記憶歷史上的重要日期。如果某人覺得記住某個特定的數字有困難，比如發生滑鐵盧之戰

的1815年，那麼他可以通過數字與字母位置的對應，將1815這個年份重新編碼為AHAE。儘管這仍然是個無意義的詞，但對這個人來說可能要比數字本身有意義得多，例如他可以將AHAE看成是「A Historic Attack（in）Europe」（歐洲發生的一場歷史性的進攻）的首字母縮寫。當然，和所有記憶術一樣，我們在使用這一方法時需要評估它能提供的潛在價值，看看是否值得投入時間和精力來獲取和使用這種方法。

削減法與細化法也可以同時使用。比如，當我還是個醫學院學生時，為了記憶顱神經的名稱，我首先學會了用各條顱神經名稱首字母的縮寫（O、O、O、T、T、A、F、A、G、V、A、H）來進行記憶，隨後，這一縮寫又通過細化編碼變成了一首低俗（而且非常好記！）打油詩。我寫這本書的時候距離那時已將近25年了，但我仍可以清晰地記得那首打油詩，儘管我可能要費點功夫才能把它轉譯為原先的記憶材料（即12條顱神經的名稱）。這個例子向我們展示了一些記憶術效果的持久性，但同時也指出一個潛在問題，即「記憶術編碼」與原始材料可能發生脫節。所以，在有些記憶術中，原始內容可以被輕易檢索到，而且只需要適當調整編碼的結構和順序即可，這樣往往能產生最佳效果。

其他形式的熟知信息也可被用於輔助新的記憶。比如，懂音樂的人可能會把需要記住的詞語填入熟知

的旋律，從而強化對這些詞語的記憶。許多學生都會使用這種方法來記住較為複雜的序列（例如生物化學過程），或是詳盡錯綜的結構和概念框架（比如不同的神經解剖學結構之間的內部聯繫）。而那些對數字着迷的人則可能發現，成串的數字對他們而言意味着豐富的聯想。這樣的聯想會被存儲在長時記憶中，使得一長串數字可以被分段記憶，這比單獨記憶一個個的數字要容易得多（當然，前提是需要被記住的數字串能夠與那些已存儲在長時記憶中的數字「段」關聯起來）。例如，某些對數學感興趣的人早已將圓周率的前四位3.142烙在了記憶中，那麼以後他們就可以用這個信息來幫助記憶其他的數字串。

如何記住人名

正如我們在本書中所看到的，意義對於我們的記憶起着至關重要的作用。讓我們想一想記憶人名的問題。覺得自己記性差的人經常會抱怨記憶人名特別困難。不過實際上，人們都不太善於記住新的名字。當別人介紹一個陌生人給我們認識時，我們的大腦往往正被另外的事情佔據着（比如正在進行着的對話），因此我們常常沒能留意那個人的名字。直到很久以後，我們大概才會用到或想起那個人的名字。到了那時，我們對這個名字的記憶通常也已經失效了。為了加強對名字的記憶，我們可以試着在與人初次認識時更專

心些，並在交談中立即複述對方的名字。

　　但是，記不住人的名字絕不僅僅是因為注意力不集中，或者很久之後才再次接觸這個名字。科恩（Cohen）和福克納（Falkner）在實驗中向受試者呈現了一些虛構的人物信息，包括名字、出生地、職業和愛好。受試者接受記憶測試後，所有其他幾項的成績都比名字好。這是為什麼呢？看來並不是因為名字是冷僻生字，因為研究中所用的許多人名同時也是常用的名詞（例如波特Potter、貝克Baker、韋弗Weawer、庫克Cook[1] 等）。研究者進行了系統實驗，讓受試者嘗試記憶這類詞語，但這些詞有時候被作為人名來呈現，有時作為職業名稱來呈現。值得注意的是，同樣的詞語，當它們作為職業而非人名出現時，受試者明顯能更好地記住。看來，一個木匠（carpenter）很顯然要比一位卡彭特（Carpenter）先生更容易讓人記住！

　　看起來，同時也是名詞的那些名字，比其他名字更容易被記住。意義（語義）關聯的缺失，或許可以部分地解釋為何有些名字如此難記。科恩的研究也表明，擁有名詞詞意的名字（例如貝克Baker）比那些相對不太具有實際意義的名字（例如斯諾德格拉斯Snodgrass）更容易被記住。不過在21世紀的今天，名字總是被看作沒有意義的——請想想看，我們是否有時

1　原文為Potter、Baker、Weaver、Cook，作普通名詞時分別意為陶工、麵包師、織工、廚師。

會吃驚地意識到，原來某人的名字同時也代表一種職業或一個事物。（比如最近的政治領袖戴卓爾Thatcher和布殊Bush[2]。）的確，我們都知道，關注某人名字的含義能夠幫助我們記憶這個名字。此外，如果我們能將某人的外表和他的名字聯繫起來，尤其是當我們能在腦海中形成突出的視覺形象，這個人的名字就會變得更好記。如果我們看到一個名叫傑克的人長得很像我們所熟悉的那個叫傑克的演員，或者當我們遇到一個穿着考究的名叫泰勒的人，我們就能利用這些聯繫來增強我們對名字的記憶。

反思我們自己的記憶

元記憶是指我們對自身記憶的理解。我們能多準確地判斷自己學習的效果？這是一個非常重要的問題，因為如果我們能夠充分判斷我們對所學材料的掌握程度，我們就能用這種判斷來指導後續的學習計劃，將更多時間花在掌握較差的材料上。

客觀的實驗結果又說明了什麼呢？研究顯示，如果我們在學習後立即對學習效果進行判斷，預估自己後續的記憶表現，我們的判斷往往是不準確的。而另一方面，如果我們在學習後間隔一段時間再進行上述判斷，結果往往相對準確。一些其他研究也表明，在

2　戴卓爾原文Thatcher，作普通名詞時意為蓋屋匠；布殊原文Bush，作普通名詞時意為灌木叢。

某些學習情境下，當人們對學習的時間進行規劃分配，會更傾向於把重點放在他們熟悉或感興趣的領域，而忽視那些更需要努力的方面。這說明，如果希望更有效地學習，我們需要能自律，需要系統地把時間規劃、分配給需要消化吸收的學習內容。

擁有完美記憶力的人

> 幸福無非就是身體健康、記性不佳。
>
> ——阿爾伯特・史懷哲（Albert Schweitcer）

　　人們常常希望自己擁有「完美的記憶力」。但是接下來這個故事會告訴我們，「能夠」忘記事情也是一件好事。盧里亞（Lunia）在他的著作《記憶大師的心靈》（*The Mind of a Mnemonist*）中記述了舍列舍夫斯基（Shereshevskii）（以下簡稱S）的故事。S擁有非常卓越的記憶力，並且大量地運用內心圖像。他也體現出所謂的通感（synaesthesia）現象，即某些感官刺激會引發其他感官的體驗。對於這樣的人，聽到某種聲響有可能會喚起某種嗅覺，或者看到某一數字會喚起對某種顏色的視覺記憶。

　　S是在當記者的時候被初次發現擁有這樣的特質的。他的編輯注意到，S特別善於記住在展開調查採訪之前他所得到的指示。事實上，即使是對明顯無意義

的信息，S也幾乎呈現出完美的記憶表現。無論他收到的任務指示有多複雜，他都似乎根本不需要記筆記，而且能幾乎一字不差地複述所有他被告知的內容。S自己以為這種能力是理所當然的，但他的編輯說服他去見一位心理學家，也就是盧里亞，並進行了一些測試。盧里亞設計了一系列難度遞增的記憶任務，內容包括超過100位的數字、冗長而無意義的音節、用他不懂的語言所寫的詩歌、複雜的圖形和精細的科學公式。S不僅能完美地回憶出這些信息，還能用倒序來複誦。甚至幾年之後，他仍能回憶起這些信息。

S的出眾記憶力的奧秘似乎在於，他能夠不費吹灰之力便建立大量有感染力的視覺聯想或其他感官聯想，這或許與他的通感能力有關。這意味着，對於其他人而言是枯燥空洞的信息，對S來說卻能創造出生動的多重感官體驗，不僅僅是視覺上的，還可以是聽覺的、觸覺的和嗅覺的。因此，S能夠用豐富詳細的形式對任何信息進行重新編碼，並牢牢記住它們。

有人可能會想，擁有像S這樣完美的記憶力該是多麼美妙。但實際上，遺忘通常具有相當的適應性，一般來說我們會記住那些對我們而言是重要的信息，而那些不太重要的信息會在我們的記憶中逐漸消退。因此，一般而言，我們的記憶更像是一個篩子或者過濾機制，這樣一來我們肯定不可能記住所有的一切。相反，S卻能夠記住幾乎所有事情，因此他的生活有些淒

慘。S的最大痛苦在於，新來的信息（比如別人閒談的話語）會在他的腦海中引發一系列無窮無盡的聯想，彷彿失去控制的火車，完全分散了他的注意力。最後，S甚至都無法與他人進行交談，更不要說繼續從事記者的工作了。

不過，S的確成為了一名職業的記憶專家，曾在台上演示他那超乎尋常的記憶技巧，並以此謀生。但他苦於無法忘記那些在表演過程中記住的抽象信息。他的記憶中充斥着各種支離破碎的無用信息，他想忘記卻無能為力。

複習迎考時的學習建議

記憶十分有賴於我們思維的明晰、規律和條理。許多人抱怨自己的記憶不好，但其實問題在於判斷能力不足。而還有一些人，總是想要記住所有的一切，最終卻無法在腦海中留存哪怕一點點。

——托馬斯·富勒

● 選擇一個沒有太多干擾的工作環境，這樣你可以專注於目標信息而非周遭的紛紛擾擾。（想一想本章前文所說的，集中注意力以及正確恰當編碼對之後記憶表現的重要性。）儘管如此，人們往往發現音樂可以幫助營造一個適合學習的輕鬆環境。在這種情況下，熟悉的音樂比新曲子更有幫助，因為陌生的音樂更可能會導致分心。此外，要盡量主動地對信息進行編碼，例如在閱讀教科書時，可以

想像一下你在對作者追問其中的內容。還要試着將新信息與已有的知識聯繫在一起。

● 要思考你所學習的領域內各種概念、事實和原理之間的內部關聯。這不僅可以幫助你在備考過程中更好地學習知識，也能促使你在考試中更好地答題。

● 要廣泛思考你所學的內容，試着將它們應用到日常生活中，比如它們是否能幫助解決你個人遇到過的問題。

● 盡可能地將新材料與你自己的興趣點聯繫起來，盡量在兩者之間建立豐富而細緻的聯繫。這樣在考試環境中你就能更好地回憶出這些內容。

● 與上一條相關，要主動學習，而不是被動學習。人們常說，學習一門學科的最好途徑就是去教這門課。因為如果要將知識傳授給別人，自己就需要能夠將信息重新闡述出來，不僅僅是被動地回憶，還需要完全地理解。換言之，不要因為知道了正確答案就忙不迭地去學習其他的內容，要能夠自發地在沒有提示的情況下說出答案，並且能夠向自己或者別人透徹地複述這些材料。(在這方面，與其他同學組成學習小組會很有幫助。)

● 信息整理的作用體現在兩個方面：通過整理學過的知識，你在回憶其中部分信息時，可以喚醒對整體知識的記憶；同時，因為在新的知識和已有的知識之間建立了聯繫，新的材料也變得更容易理解。

● 練習也很重要。誰都無法完全地迴避「總時間假說」，也就是說，當其他的條件都一致，你所學內容的多少取決於你練習時間的多少。無論你學習的是事實、理論、舞蹈動作，還是一門外語，這個規律都是適用的。然而，正如我們在本章前文所看到的，如果我們將所有練習都集中在一個馬拉松式的學習過程中(例如考試前的「臨時抱

佛腳」），這樣做的效率不會高。好的學習方式是積少成多，每一次不學太多的內容，但重複很多次（可以利用諸如「間隔提取」之類的技巧）。

● 好好利用生活中的碎片時間。比如當你等車的時候，就可以充分利用這段時間記憶一些學習材料。可以將筆記摘要記在卡片上，或者記在筆記本電腦、掌上電腦、手機裏，通過這些筆記進行聯想，在腦海中建立內容脈絡，從而不斷喚醒自己對於這些材料的記憶。

● 根據實驗研究結果，布蘭斯福德（Bransford）和他的同事們重點強調了「遷移適當加工」或「編碼特定性」的重要性（參見第三章）。這一原則指出，學習任務中最重要的一點在於如何將知識「遷移」到測試環境中。因此，大家應該盡量創造一個與考試環境相似的學習環境，在這樣的環境中學習可以優化之後的記憶表現。

● 與此相關的是，不要在疲勞時學習。你在考試時的身心狀態大概會是什麼樣，你就要盡量在類似的狀態下學習（比如，坐在一張空無一物的桌子旁）。比起疲乏的時候，你在頭腦清醒的狀態下能更好地記住知識，也能用更豐富的方式對信息進行編碼。

● 與保持身心狀態相關的是，我們在第三章中已經了解到，語境與狀態的變更有可能給記憶帶來負面影響。事實上，如果想要更好地回憶信息，有時可以嘗試在腦海中重建當初學習時的語境和狀態（比如通過內心圖像）。

● 最後，同樣十分重要的是，請考慮使用視覺圖像或者記憶術（比如本章所介紹的幾種技術）來增強你的記憶。

● 總而言之，好的記憶力需要注意力集中，需要動機強烈，需要對信息主動進行組織和整理，而這些又有賴於個人的興趣。

最後的一些想法

在我們每一天的生活中，記憶都扮演了至關重要的角色。的確如此，如果沒有了記憶，我們的許多其他能力(如語言能力、對熟悉事物的辨認，或者對社會關係的維繫)都無法再發揮作用。讀完本書之後你應該能清楚地理解，記憶實際上代表了一系列的能力，而不是一種孤立的能力。我們在日常對話中習慣於用單數形式指稱記憶，其實這一傾向是不對的。

不僅如此，記憶並不是一個被動的容器，它也不一定是對我們生活事件的忠實記錄，它實際上是一個主動篩選的過程，這有利有弊，如同一枚硬幣的兩面。人類的記憶很容易出錯，我們在這本書中已經就此探討了不少。同時，我們的記憶更傾向於記錄我們生活中重要的事件。由此，我們或許可以總結出記憶的七種重要特點：

1. 記憶對人們很重要，它在理解、學習、社會關係以及生活的許多其他方面都發揮着作用。

2. 只要過去的事件或信息在之後的任何時間對某人的思想、感情或行為產生了影響，就意味着人們對這些過往事件或信息存有記憶。(人們並不需要知道自己記住了過往的事件，甚至可能從未意識到事件的發生，人們也無須具有想要記住這些事的意願，但記憶仍然在這樣的情況下發揮作用。)

3. 記憶可以通過以下方式體現出來：自由回憶、線索回憶、再認、熟悉，以及包括啟動效應或身體動作在內的種種行為變化。

4. 記憶似乎涉及不止一個系統或一種過程。實驗證據表明，不同類型的記憶受特定的操控和變量的影響是不一樣的。

5. 研究記憶是很困難的事，我們必須通過可觀察到的行為來進行推斷。

6. 記憶並不是對過往事件的忠實複製。事件是在發生的過程中由當事人構建起來的，而回憶則涉及對事件或信息的重新構建。

7. 心理學家已經幫助我們更好地理解了許多能影響記憶的變量，但仍有許多需要繼續探索。儘管如此，我們每個人都可以更聰明地使用自己的記憶。我們要做的就是使用有效的記憶策略，找到正確的努力方向，從而更好地學習和記憶信息。

推薦閱讀書目

Introductory texts

Alan D. Baddeley, *Essentials of Human Memory* (Psychology Press, 1999). A fully referenced yet accessible overview of memory for the general reader, written by an international expert in the field. Each chapter contains suggestions for Further reading.

Tony Buzan, *Use Your Memory* (BBC Consumer Publishing, 2003). Provides an overview of mnemonic techniques from one of the most popular writers in the field who has published a range of other related texts.

Michael W. Eysenck and Mark T. Keane, *Cognitive Psychology: A Student's Handbook* (Psychology Press, 2005). Provides an overview of the core psychological processes which interface with, and impact upon, memory capacity – and which are themselves influenced by the operating characteristics of human memory (including attention, language, decision-making, and reasoning).

Daniel L. Schacter, *The Seven Sins of Memory* (Houghton Mifflin, 2001). Discusses the pros and cons of human memory in a lucid, informative, and entertaining manner.

More advanced texts

Gérard Emilien, Cécile Durlach, Elena Antoniadis, Martial Van der Linden, and Jean-Marie Maloteaux, *Memory: Neuropsychological, Imaging and Psychopharmacological Perspectives* (Psychology Press, 2003). Considers the biological processes that mediate and impact upon memory function, including the effects of brain injury and drugs, together with insights gained from neuro-imaging studies.

Jonathan K. Foster and Marko Jelicic, *Memory: Systems, Process or Function?* (Oxford University Press, 1999). Considers the central debate of how human memory should be conceptualized in theoretical and practical terms.

Endel Tulving and Fergus I. M. Craik (eds.), *The Oxford Handbook of Memory* (Oxford University Press, 2000). A magnum opus reviewing the field of memory research, with individual chapters written by the world's leading memory scientists.